最強自我分析！

優勢思維

開啟人生與工作的
更多可能性

Grace
（李冠萱）
著

引領你聚焦優勢，成就卓越，
開啓成功之門

程九如

　　我所熱愛的工作是探尋優秀的創業者，並協助其達成願景。在長期伴隨著優異人才的工作中，我發現這些人總是充滿著自信、動力和洞見，也都不約而同的擁有自我覺知的思維能力。我相信如果每個人都能有機會，擁有這種思維能力，將會從此改變許多人的人生，同時也能翻轉許多企業的未來，這也是我想極力推薦《優勢思維》的原因。

　　作者 Grace 在《優勢思維》分享了多年來職涯服務的研究心得，並透過此書引導讀者如何在實際生活和工作中運用這種思維方式。書中講述了 Grace 對於優勢思維的理念，和實際應用的成功案例，並介紹了一系列實用的工具，以及可以讓讀者自我實踐的方法。本書能幫助讀者識別和發揮自己的優勢，同時也提供了具體的策略和建議，指導讀者如何在不停變換的大環境中定位自己，善用自身的優勢，展現最大的潛力和價值。

《優勢思維》有個值得你我省思的觀點。在傳統的教育和職業訓練中，我們常常被教導要專注於改進自己的弱點，補齊短板。然而，這種方法往往會耗費大量的時間和精力，最終只能取得有限的成果。相反，Grace 在《優勢思維》強調，我們應該集中精力在我們擁有天賦及熱忱的領域，發揮我們與生俱來的優勢。這不僅能讓我們擁有職場上的優勢，更能讓我們在工作中得到正向的能量和成就感。

　　《優勢思維》的核心在於認識並接受每個人的獨特性。每個人都有自己獨特的天賦、能力和價值觀，這些元素構成了我們的優勢。

　　我們應該學會識別這些優勢，並將優勢應用到我們的生活和工作中。通過這樣的方式，我們不僅能提高個人的能力和成功機會，更能促進團隊整體的協作和創新，進而形成組織整體的優勢。

　　無論你是學生、導師、千里馬，還是伯樂，《優勢思維》都將為你帶來寶貴的啓示和指引。相信經由這本著作，能夠幫助每一位讀者發現自己的潛力，發揮自己的優勢，邁向更遠大的夢想。在這個充滿挑戰和機遇的時代，優勢思維將為你揭示成功的方向。

　　讓我們一起開啓這段優勢思維的旅程，發現自己的獨

特天賦，釋放無限的潛能。願每一位讀者都能在這本書中得到啓發和創見，成為真正的優勢思維者。快樂、自信，自在也將伴隨你。

（本文作者爲AppWorks合夥人，是引領台灣網際網路創業的先驅者）

做擅長的事增加自信，
釋放體內無限可能！

Blaire

　　還記得學生時代很清楚知道自己對數字完全不行，所以準備升學考試時，就直接放棄數學學科去讀別的；畢業後尋找工作方向，也了解自己是個「發電機」，又不愛穩定的朝九晚五，於是決定自己發想企畫、自己拍影片。直到幾年前創立自己的品牌《19again》，發覺自己擅長的是「創意發想」，並不擅長「營運」，於是找了閨蜜來負責營運這一塊。

　　一直以來我都會「故意」選擇做自己擅長的事情，原本還覺得這是我的缺點，畢竟「故意」很容易被世俗解讀成一意孤行、任性、固執己見……這些負面印象，直到認識 Grace 之後，我才發現原來看似缺陷、弱點的「故意」，反面是優點、強項的「有意識地選擇」，而這就是「優勢思維」！

　　Grace 提出的「優勢思維」論點能夠運用在各個層面，從經營自媒體、工作、創業，甚至是各種生活細節和

感情上（笑）。我也是認識她之後，才開始深植「發揮優勢比彌補短處更重要」這個概念。做擅長的事不僅能增加自信，更能釋放體內無限量的可能！

　　或許你還在執著於改善不足，趁這個機會認清自己的優點，運用自己獨特的優勢脫穎而出吧！

（本文作者為台灣質感生活保養品牌19again創辦人，
也是超人氣心靈保養頻道YouTuber）

寫給現代工作者的一封信

　　Hey，這本書想要寫給對於工作有更多抱負，想要實現更多，但目前感覺有點不確定方向、有點遲疑的你。

　　職涯這麼長的旅途上，總會經歷一些不同階段，是不是有些時候，工作本身其實還算上手，也說不上有什麼嚴重問題，但就覺得好像「少了點什麼」。看著其他人樂在工作，彷彿生活得很有動力、很有目標，心裡其實有點羨慕，卻又不太知道從何著手。很多課程或自我成長型的內容提供了不少方法，但看過之後，當下好像重燃了一點熱情，過沒幾天就又回到原點。隨著時間推移，這些心情總結成一個問題：「我只能這樣了嗎？」

　　「我只能這樣了嗎？」是我經營職涯服務平台八年來，最常聽到的疑問。

　　而我觀察到的是，當你心裡有所懷疑，而且不斷地在思考這個問題時，你就不可能「只是現在這樣」。因為迷惘是推進我們前進的動力，沒有迷惘，就只會舒適的停留在原地，反之，一旦萌生迷惘，我們就會開始探索除了現在在做的事，我還有什麼機會？我還能成就什麼？我還有

什麼其他的興趣？我還有什麼樣的新的可能性？

　　職涯的路上就是這樣，有些人正處在天氣晴朗，前方道路非常清晰，可以直直地看到終點；有些人正進入濃霧路段，只大概看到不是很明朗的道路形狀；有些人正淋著滂沱大雨，不只看不見前面的路，還寸步難行。但不管你目前的職涯天氣如何，你要知道，這只是現在的狀態而已，晴朗並不會永遠持續，大雨也終究有放晴的一天。

　　謝謝你拿起這本書，很榮幸、也很期待與你一起開啟這段優勢探索之旅。希望本書能帶你看見自己獨一無二的特點，然後瞄準接下來想去的地方，更有自信的往前邁進。

本書想要幫助你做到三件事：

1. 陪你探索自己的優勢，讓你對自己的價值觀、職能、天賦，都有更清楚的認識。

2. 建立你的內在指南針，即使看不清前方的道路，也有指南針引你看見下一步方向。

3. 和你一起展開行動，讓優勢思維幫助你用自己獨特的方式，更快的實現理想目標。

優勢思維已經陪伴超過 5,000 人找到自己的內在優勢及下一個職涯目標，現在我也想帶你一步一步更認識自己，從天賦、價值觀、職能開始，培養優勢思維，讓你可以站在客觀的角度，當自己的顧問與教練，抽絲剝繭地檢視自己，突破現況並且規畫出那條清晰的職涯道路，甚至是人生道路，在適合自己的地方發光發熱。

這本書如何使用最好呢？

本書分成四大部分：

- 觀念建立：幫助你對優勢思維有整體性理解，先有概念後將有助於後續應用。建議千萬不要跳過──〈Chapter1〉
- 探索潛能：你不只要讀，還要跟著問題一步一步地沉澱書寫，相信你會對自己有更多的認識與新發現。──〈Chapter2〉
- 優勢實測和範例故事：花一點時間做測驗，並透過結果分析帶你更了解自己的隱藏優勢和適合的職業角色。同時參考真實的案例故事，將帶給你全新的啟發與靈感。──〈Chapter3〉

•行動：從設定目標開始，為自己設計天賦鍛鍊計畫，開始創造優勢吧！也別忘記寫下具體目標，這會很有幫助喔。──〈Chapter4〉

　　最後，想要給你一個很重要的提醒，職涯的路上是可以隨時調整的。本來我的目標可能是想要登一座山，但在路上我發現了一個有趣的村莊，我想暫時休息一下，或是在村裡開始做做生意、交交朋友，這也是很有可能的。重點是帶著優勢思維，以此作為自己的內在指南針，一邊探索，一邊前進。希望這本書在你感到有點迷路，想要重新確認方向時，可以一直在你身邊，提供你方法、工具，成為支持你的力量。

　　職涯的路上，我們一起加油！

Grace

BetweenGos 創辦人

目錄　CONTENTS

Chapter1
什麼是優勢思維？

Chapter2
如何找到自己的優勢？

Chapter3
職場優勢解析與應用

Chapter4
如何鍛鍊優勢？

目錄　CONTENTS

什麼是優勢思維？

幫助你對優勢思維有整體性理解，先有概念後將有助於後續的應用。建議不要跳過。

這幾年因為經營職涯服務平台，透過 Podcast、實體工作坊、線上課程、一對一諮詢，陪伴了許多人度過職場低潮期，找到職涯下一步，我發現，他們最核心的焦慮，其實都來自於「我只能這樣了嗎？」

不想受限於現在、想要看見自己更多的可能性，是追求進步的人，內心最渴望的。但是礙於組織的規範、主管的管理風格、現有職位的限制，有好多想做的事無法施展，甚至無法扮演真正的自己。當真正的自己被埋沒，深沉的無力感常在睡前襲來，對自己靈魂拷問：「現在的我到底在忙什麼？忙的意義在哪裡？我的未來又在哪裡？」

除了環境限制之外，在充滿雜音的這個年代，透過網路、社群媒體，每一秒我們都在接收產業趨勢、朋友動態……哪個新的技術還沒學到，會不會被淘汰？朋友比我年紀還小，怎麼已經升職了？大家都在斜槓、做自媒體，那我呢？我是不是也要開始做點什麼比較好？

在這麼多的成功樣貌中，哪個才是我該追尋的目標？好想做點什麼，但又不確定該做什麼。

如果你偶爾也有這樣的煩惱，我想告訴你，你不孤單。這種時候，我們要做的最重要的事，就是靜下心來好好的梳理自己，找到自己做得比別人好的地方（優勢），以及在哪裡最能發揮（定位）。

每一個人都有自己獨特的優勢，你可能只是還沒找

到，或是還沒把它磨亮而已。

優勢思維帶給我的改變

「我想選擇和別人不同的路，可以嗎？」

在本書開頭，想和你分享一小段我的故事。

從小，我就是個興趣廣泛的孩子，學過芭蕾、珠算、鋼琴、直排輪……除了鋼琴因為父母的堅持，而持續學了六、七年之外，其他都撐不過一個學期。工作之後，我平均一年換一份工作，而且職務橫跨行銷、業務、PM……連產業都換了不少。一路上常被說「沒定性」「三分鐘熱度」「小心將來沒有公司敢用你」……

我的爸爸是公務員，媽媽在一間企業服務超過 20 年直到退休，在這樣注重專業與穩定的家庭長大，看似沒定性的我，顯得有點令人擔心。

事實是，對我來說，「體驗」是我人生中很重視的價值觀。

這些事情如果我沒親身做過，我怎麼知道自己喜不喜歡、擅不擅長？

如果「體驗」與「重視多樣性」是我的天性，我該和父母、師長建議的一樣，去追尋一條直直的、看得到終點的職涯嗎？

　　當時的我，覺得不行，所以在學生時代做了很多不同的打工：音樂教室櫃台、協會的行政助理、暑假到美國大峽谷餐廳當 host、舞蹈表演、舞蹈教學等。比起念書，我似乎更喜歡打工；比起行政工作，我更喜歡表演；比起定在一個位置上做事，我更喜歡跑來跑去。

　　這一路的實際體驗（現在回想起來，其實滿像做實驗的），讓我開始建立起自己對事物的喜好標準，更清楚哪些事情我做起來是有動力的、有優勢的，往這個方向靠近，我感覺生活是更充滿活力且正向的，我喜歡這種感受：讓我覺得自己活著，且充滿力量。

　　以結果來說，現今我開啓了自己的事業，和信任的團隊一起努力，是職涯服務平台的創辦人，同時擁有職涯教練、講師、街舞老師、表演者等不同身分，在不同的角色中，交疊累積我的專業，組合成獨一無二的我，也因此擁有了多元成就的職涯。儘管我沒有照父母原本期待中的穩定發展，但不管是內在的成就感，或是外在財務的安全感，都讓我感到滿足、充滿動力且父母也不用為我擔心。

　　回顧自己的職涯選擇，也許在當時，我並不明白為什麼做了這樣的選擇，但透過後來的整理，我發現幫助自己選擇的最大關鍵，就是「選擇自己最有優勢的選項」。這

是「優勢思維」誕生的前傳，而我自己正是優勢思維的實踐者。優勢思維帶我找到一個屬於我的理想狀態，並且持續引領我往更理想的自己邁進。因此我希望這套方法也能協助你往你自己的理想未來前進。

記住！每個人都有屬於自己獨一無二的優勢，也都有屬於自己的理想未來。在無限可能的世界裡，和別人一樣未免也太無聊了，讓我們一起找到自己最特別的優勢和理想生活吧！

更多多元的故事案例，會在後續慢慢與你分享。

努力彌補短處，
還是全力發揮優勢？

不會爬樹的魚，真的很笨嗎？

當然不是。但如果一條魚終其一生都在練習爬樹，他到生命結束前的每一天，可能都在自我懷疑。

我想說的是，如果現在的你很在意懷才不遇、覺得可以成就更多，但總有點使不上力、進步緩慢、失去動力……你也許不是不夠努力，而是被擺在了不對的位置上。

每個人都一定遇過迷惘或低潮，它有時候出現在剛畢業，不知道如何選擇第一份工作；有時候出現在日復一日的工作倦怠；有時也會出現在好不容易達成目標後，因為找不到下一個目標的失落。

但是，為什麼有些人的低潮迷惘比較久？有些人卻可以更快的走出低谷，邁向下一個高峰？

關鍵在我們是否能掌握自己的優勢，往自己真正想要的方向前進。

能夠掌握自己優勢的人，可以更快速的校正內在羅盤、辨識適合自己的機會、確立方向、有效努力，自然更有機會實現自己，達成理想目標！

「彌補短處並沒有錯，但發揮與生俱來的天賦，更有機會帶我們迎向成功。」

回想學生時代，幾乎是哪個科目不好就補哪科，常常被提醒要多花點時間把弱項補起來，這樣我們才能成為一個全才。但我們真的可能成為一個全才嗎？以及，我們真的有需要成為全才嗎？

高中我讀的是北一女中，可想而知，這裡聚集了全台北最會考試的女孩們。還記得那時候的我，明明念的是文組，但歷史、地理卻總是奇差無比，即使前一天抱著課本

念到睡著，隔天考試成績往往以不及格收尾。老實說，高一的我過得灰心喪志，總覺得我投入了這麼多時間，為什麼成果都比不上其他同學，充滿了各種懷疑自己的念頭：「我是不是不夠好？」「也許我根本不屬於這裡」……

　　好險，北一女除了很在意學科，也很注重五育均衡，所以課外活動也沒在少的。每個學期都有重點班際比賽，還規定人人都要參加，從啦啦隊比賽、合唱比賽、朗讀比賽、排球比賽……甚至到高三也沒有要放過大家，準備考大學之外，體育課還要自編舞蹈表演呈現、運動會進場表演……不一而足。雖然我的課業表現在班上不是很亮眼，但每到課外活動，我都感覺自己充滿活力，十分樂在練習。高三時期的自編舞蹈和運動會進場表演，我都是負責編舞和統籌活動的人，而那時候我其實還沒有學過跳舞。

　　現在，我除了正職經營職涯服務平台之外，也是一位街舞老師。很開心高中時，因為這些課外活動，讓我從中發現了「跳舞」這件我「有興趣」且「做得還不錯」的事情。上大學花時間鍛鍊之後，竟也發展成我的專業能力之一了。

　　每個人每天有的時間都是 24 小時，我們可以選擇將時間花在補強弱點，也可以選擇將自己與生俱來的天賦磨得更鋒利。彌補弱勢的結果，常常讓我們浪費更多時間、進步緩慢、心生挫折；相反的，發揮優勢往往讓我們進入

心流、進步飛快且充滿自信。

　　如果我們選擇把有限的時間，投資在自己有優勢且有興趣的地方，自然的，我們渴望達成的目標，將更有機會實現。這，就是優勢思維想要帶給你的具體感受和正向改變。

　　所以，優勢思維是什麼呢？

　　「優勢思維」是一種專注發揮潛能、強項，並有意識地切換使用在各領域的思考模式。

　　每個人都有自己獨特的樣貌，當我們能準確地說出自己的傾向、偏好，也就更能找到適合自己的位置，發揮自己的優勢。因此我總是相信，「了解自己」是做任何重要決定前的第一步，而優勢思維想要做到的是「幫助你找到真實的自己，並用你的天賦打造優勢，突破現況、自我實現」。

倦怠、缺氧時，
是了解自己的好時機！

　　講到真實的自己，有些人可能會說：職場上怎麼可能做自己？有這麼多利益關係、利害關係人要顧，職場上的我和真實的我，不可能一致吧！

　　但是，這個迷思往往就是造成大家在職場上感到痛苦的主因。

　　我看過太多人感到被困住、挫折、憂鬱，甚至懷疑自己，都是因為沒有辦法做「真實的自己」。有時候是希望能夠符合社會的框架、滿足別人的期待……所以隨波逐流，覺得別人認為的成功，就是自己也想要的成功，而假扮成一個不是自己的人。有時候是擔心失敗、對自己不夠有自信、怕不被群體接受、怕被拒絕等，所以不敢發言、無法勇敢做出改變。久而久之，習慣了這個挫敗感後，我們就無法對工作或生活燃起動力了。這是很可惜的。

　　舉個例子來說，如果我是一個注重工作意義感的人，對於純粹追逐金錢利益感到困惑，但是現在的公司凡事都以利潤為優先考量，甚至會抵觸自己在乎的意義感（可能是環保、人權、社會責任、自我實現……），那我一定會每天都感到很痛苦。最麻煩的是，周遭的親友都覺得我的

工作薪水高又穩定，讓我覺得離開這裡一定是瘋了吧！這時候，我的內在價值觀其實不斷在打架，就像被逼著要去爬樹的魚，在努力的過程中，可能數度感到無法呼吸。

　　所以，如果我們在做工作選擇時，只考慮到「工作能力符合」或是「薪資福利符合」這些外在條件，忽略了內在特質與需求，每天上班就會像是要戴上面具、去扮演一個不是自己的角色，也許一兩個月還可以，但時間一長，每天都像是在演戲，是會讓自己疲乏，甚至情緒潰堤的。

　　如果你也有過類似的經驗或是感受，我想跟你說，你絕對不孤單。有太多太多的人都面臨過這樣的狀況，我自己也曾經是。同時，我還要跟你說個好消息！就是「當我們面臨這種『缺氧』的環境時，其實就是了解自己的最好時刻！」透過解析現在的狀況，可以從中找到自己真正在意的價值觀、真正喜歡的事，以及真正有優勢的賽道。

　　在我做過的不同工作當中，有的同事很好相處，但工作本身無聊到讓我懷疑自己的價值；有的工作很有挑戰性，但主管的管理風格讓我無法適應；有的薪水不錯，但企業文化過於僵化……你也一定有你的兩難、你的取捨。不管現在的選擇如何，最重要的事情是讓自己擁有選擇權，這個「選擇權」包含兩件事，一個是知道自己該如何選擇的標準，另一個是讓自己想留下就可以留下，想離開就可以離開的底氣。那要如何讓自己擁有選擇權呢？你需要掌握自己的優勢。

唯有掌握自己的優勢，能讓你更有自信地做出你想要的選擇。

如何開始建立優勢？

「我好像沒有什麼特別突出的能力？」

「優勢是頭腦聰明的人才有的，我這麼平庸哪裡會有這種東西？」

「優勢感覺離我好遙遠，我身上真的有嗎？」

……

不要懷疑，這只不過是你不夠了解真實的自己，藉助方法（Chapter2）和輔助工具（Chapter3），可以幫助你快速找到你自己從沒發現過的隱藏優勢。

我猜想，你已經迫不及待想知道自己究竟有哪些優勢吧？別急，一步一步來，先儲備優勢思維的基礎觀念，能更精準找到你真正想要的工作與生活。

優勢到底是什麼？

請想想看，你覺得優勢到底是什麼呢？

根據我的經驗，也是多數人的體會，「優勢」可以說是在特定情境下被純熟運用的結果。而這個結果往往會讓人處於相對有利的位置，也能讓人產生成就感、自信、滿足等正向積極的感受。

說得更白話一點，當我們說「你在這件事上很有優勢欸！」通常背後的意涵會是：這件事你不只做得好，你可能還做得比大部分的人好，所以讓你具備了更靠近成功的機會。

那優勢是如何形成的呢？通常是由以下三件事的總和所構成：

1. 擅長：透過做自己擅長的事，因為做得好會獲得外部肯定，累積內在自信。
2. 喜歡：擁抱興趣，這份熱忱會化作動力，讓自己堅持更久。
3. 你願意投入時間鍛鍊：喜歡且擅長之外，更善用累積的力量，讓這件事產生複利效果。

第一點「擅長」，應該是最直覺的。這件事我越擅長，就越可能成為我的優勢，應該不用多作解釋。但第二點和第三點，想和你多討論一些，因為它們才是真正影響

我們是否能持續保有優勢的關鍵。

　　第二點「喜歡」的背後，我想要特別強調的其實是「動力」。我們在找工作或是找尋目標時，常常會第一時間思考：「我的能力可以對應哪些工作？」比較少反過來思考：「工作中哪些元素會引發我的動力？」

　　請回想一下，你過去有沒有任何時候感覺：這個工作／任務你也不是做不到，但就是提不起勁來做它？相反的，有一些事情，可能不是當下一定得做的，你卻會想要優先做它？

　　我們在工作中往往有個迷思，覺得「工作表現＝能力」，但其實「工作表現＝動力＋能力」。沒有動力時，即使能力符合，你也會發現這件事不斷被你拖延、擱置，行動力變低；但如果你充滿動力，即使你的能力還不足，你也會想要趕快學習，因為過程會讓你很開心！

　　這就是「喜歡的力量」，喜歡的力量常常是我們內在的驅動力，也就是我們常說的動力。找到你的動力，會讓你更有執行力，也會加速你的優勢累積，並堅持得更久！

　　第三點「願意投入時間鍛鍊」，這點強調的是「累積的力量」和「主動性」。你應該聽過一些小時了了，大未必佳的例子。一件事如果沒有持續投入，就很難有大幅度的進步。相反的，如果我主動的持續投入，不只進步得更快，也更容易因為累積的經驗或作品被看見，進而爭取到想要的機會。

「喜歡」會讓你持續投入，「願意投入時間」又帶給你進步和累積，互相加成之後，又會回到第一個步驟，讓自己更「擅長」，產生一個良好的正向循環。

創造優勢的起點，就是打造自己的正向循環

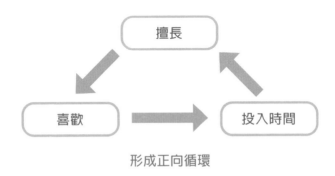

形成正向循環

建立優勢「探索＋行動」缺一不可

打造一個專屬於你的正向循環，是創造優勢的起點，而收穫優勢的關鍵就在於「探索：了解自己」與「行動：花時間投入鍛鍊」。

・探索：了解自己
我們需要知道自己真正重視的價值是什麼？喜歡什麼？專長在哪裡？天生的特質又是什麼？透過盤點這些

關鍵要素，就能夠更了解自己的潛能，也會開始看見努力的方向。

・行動：花時間投入鍛鍊

我們需要知道我們對應的目標是什麼？什麼樣的環境更適合自己？屬於我的優勢策略又是什麼？然後開始透過有意識的鍛鍊，來增加自己的優勢與機會。

舉例來說，假設 Amy 知道自己很喜歡唱歌，希望可以當歌手，但是她現在的工作是會計，每天都在辦公室與表格和數字為伍，完全沒有練習唱歌的時候，也完全沒有機會讓她的聲音被聽見，那她實現目標的機率應該不太高，對吧？

「探索＋行動」也是本書最重要的兩大核心！

〈Chapter2〉帶你從探索自己的本質與潛能開始，深度地剖析自己，了解自己在什麼時候感到壓抑？又在什麼時候感到自由？其實這些感受都和你的天賦密切相關。接著〈Chapter3 和 4〉以具體的範例傳授如何設定目標與訂立行動計畫，開始把你所發現的個人潛能鍛鍊成優勢，重啟新的自我。兩者同等重要，缺一不可。

小步快跑，
開啟優勢探索之旅

在開啟旅程前，先來複習一下「優勢思維」是什麼？

「優勢思維」是一種專注發揮天賦，並有意識地切換使用在各領域的思考模式。

希望可以幫助你找到真實的自己，並用你的天賦打造優勢，突破現況、自我實現。

如果創造優勢有個公式，它可能會長這樣：

Step1   Step2

創造優勢＝探索（探索自己的優勢潛能）＋行動（找到適合的環境與目標×有意識的鍛鍊）

Step1

探索：發現我的潛能

探索優勢三大工具：價值觀、職能、天賦

1. 價值觀：我的信仰與底層動機 → motivation
2. 職能：我的貢獻與價值 → value
3. 天賦：我與生俱來的特質與潛能 → strength
- 最強輔助器：ISME 測驗，檢視12種職場優勢
  （參見〈Chapter3〉）

Step2

行動：創造我的優勢

找到目標與情境×制定並實踐自己的優勢策略

- 你不需要全部的機會，只需要一個適合自己的位置
- 制定自己的優勢策略（參見〈Chapter4〉）
  - 放大天賦
  - 管理盲點

不管現在的你處在什麼階段，希望這本書能帶你建立起「優勢思維」，並把優勢思維融入你的工作與生活場景，讓它帶你找到真實的自己，找到專屬於你的舞台，然後發光發熱！

容我給你一個小提醒，既然本書都叫作《優勢思維》了，在後面的思考練習中，請你務必記得隨時隨地思考「你的優勢是什麼？」以優勢出發來協助你做更好的判斷！

如果你準備好了的話，讓我們小步快跑，一起踏上優勢探索之旅吧！

1. 「了解自己」是做任何重要決定前的第一步。

2. 投資在自己有優勢且有興趣的地方，自然的，我們渴望達成的目標，將更有機會實現。

3. 感覺倦怠、缺氧時，其實是了解自己的最好時機！

4. 「你在這件事上很有優勢欸！」實際上說的是：這件事你不只做得好，還做得比大部分的人都好，有機會藉此功成名就。

5. 「喜歡」會讓你持續投入，「願意投入時間」又帶給你進步和累積，互相加成之後，會讓自己更「擅長」，產生一個良好的正向循環。

6. 建立優勢的關鍵在於「了解自己」與「花時間投入鍛鍊」。

如何找到自己的優勢？

每個人都是獨一無二的，請跟著本章問題一步一步探索你的潛在優勢，相信你會對自己有更多的認識與新發現。

從「潛能」到「優勢」

前面的章節提過，優勢是擅長＋喜歡＋投入時間，三個要素組合而成的正向循環。

那到底什麼事情可以讓我們進入這樣的正向循環呢？又要從哪裡開始尋找呢？

讓我們從「潛能」開始解鎖吧。

「潛能」是一個讓人著迷的詞，有點神祕，彷彿無限可能。它很像是藏在我們內在深處的一顆種子，透過灌溉和悉心照護，在某一天，會開出一朵獨一無二的花。每一個人的種子都不一樣，灌溉的過程也不一樣，長出的花當然也不一樣！這個世界也因為每一個人的不同，而變得更多元而美好。不要擔心自己的種子和別人不同，這正是我們獨特的地方！

那我的種子是什麼呢？如果我知道自己的種子是什麼，我應該會更清楚如何培育它吧？

沒錯！所以接下來這個探索的章節，就是要陪你一起找到自己的種子！

找到種子（潛能）的鑰匙，就藏在我們的價值觀、職能、天賦中。透過優勢思維這三大要素，我們可以更具體

的看見自己的潛能，進而更有機會將它們鍛鍊成優勢。

價值觀：**我的信仰與底層動機** → 動力 motivation
職能：**我的貢獻與價值** → 價值 value
天賦：**我與生俱來的特質與潛能** → 優勢 strength

接下來的步驟很重要，在正式探索優勢之前，這幾個重要提醒，會幫助你更準確地進行探索與梳理：

1.誠實面對自己：

　　a.保持開放的心：先放下「對」與「不對」、「該」與「不該」，讓自己的心保持開放，才容得下更多新發現！

　　b.和自己直球對決：放下外界期待、自我成見、內在批判等雜音。不要害怕傾聽自己真實的聲音，誠實面對自己，才能做出真正想要的選擇。

2.高品質的專注時光：

　　內在探索很需要你專注地與自己對話，所以請給自己一個安靜的空間，閱讀、沉澱、書寫，相信你會有更多的收穫。

3.不要急，慢慢來：

「很快讀完」不是這本書最好的使用方式，尊重自己當下的狀態，想多閱讀幾章、想休息一下都好，你的沉澱、反思、收穫，才是最重要的。只要任何一個環節讓你有新的發現和想法，就彌足珍貴了！請用最舒服的步調和節奏來閱讀，但也別忘了記錄和書寫，讓本書在你需要的時候成為陪伴你找答案的朋友。

探索優勢的三大工具

知道自己為什麼這樣選擇，也知道選哪條路比較有優勢，能幫助自己每一步都走得更踏實、有自信。要達到這樣的理想狀態，答案其實都在我們內心深處，而且每個人的答案都不盡相同。這個地球上沒有一個人和你一模一樣，我們都是獨一無二的個體，請擁抱自己的獨特性，讓真正的你發光。

「優勢思維」可以協助你找到內在的聲音和動力，讓你的行動和未來的目標對齊，更快地實現理想的未來。

從事職涯服務至今已陪伴超過 5,000 人探索職涯，我發現多數人在工作上會有卡卡的感覺，往往都是因為處在

一個不適合自己的「位置」上。舉例來說，喜歡和人接觸的人被局限在電腦前處理文件、需要舞台的人被太多繁瑣流程和長官壓制、需要明確目標的人被朝令夕改的公司政策消耗……

所謂「適合自己的位置」，很多時候並無法用一個「職位」明確定義，它更像是我們在職場中的「定位」，而這個定位，可以從優勢思維的三大工具中找到線索：

- 價值觀：帶我們看到自己的內心深處真正重視的到底是什麼？當某元素消失之後，我會感覺自己不再像是自己，找到最能定義自己的核心價值觀，是幫助我們做出選擇最重要的關鍵要素。這些你很重視的核心價值觀，形塑了你這個人。你會對自己認同的企業文化、理念、環境有更深的體會，也會是你接下來定位方向很重要的指南針。
- 職能：這個工具，讓你看見未來想要發展的方向。試著從客觀的能力面來看自己，問自己對組織展現的價值在哪裡？這個職能是自己真正想要發展的嗎？你的職能是你在團體中所貢獻的能力，而這些能力時常決定了我們在團體中會站在哪個位置。我們有時候會忽略適時的檢視這些職能現階段的強弱，以及你希望它們將來如何發展。掌握自己的職能，會大大影響自己在團體中的發展。

- 天賦：我天生有什麼特質呢？這些特質如何幫助我創造優勢？每個人的天賦都是獨一無二的。天賦是我們與生俱來的特質、偏好和傾向，而這些天賦當中時常藏有我們的動力與優勢。我們會被哪些任務驅動？哪些事會消耗我們的能量？哪些事我們能做得比別人更好？其實從天賦中都看得到。了解自己的天賦傾向，善用天賦能更深度的了解自己，找到自己的獨特性，做出更適合自己的優勢策略，讓自己的優勢更顯著！

利用探索優勢三大工具發現自己、找到真實的自我！

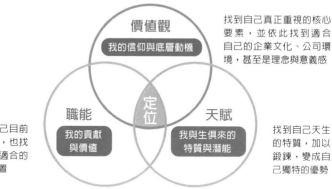

價值觀
我的信仰與底層動機

找到自己真正重視的核心要素，並依此找到適合自己的企業文化、公司環境，甚至是理念與意義感

定位

職能
我的貢獻與價值

定義自己目前的能力，也找到自己適合的職場位置

天賦
我與生俱來的特質與潛能

找到自己天生的特質，加以鍛鍊，變成自己獨特的優勢

藉助價值觀、職能、天賦三大工具來探索自己、找到真實的自己，就是優勢思維的具體方法！

後面的章節，將會帶你好好的來盤點價值觀、職能、

天賦，找到自己的優勢與定位。相信我，探索之後，你會感到安心許多，未來的方向也會更清晰。

準備好了，就趕快從第一步「價值觀」開始探索吧！

1. 價值觀：我的底層動機

「相信的力量，是世界上最強大的力量。」

還記得創業頭兩年，和一位創業者聊天，他問我：「你是先看見才相信，還是先相信才看見？」當時我想了很久，好像回答了「先看見才相信」。這個回答比較符合我實事求是、腳踏實地的個性（笑）。

但創業八年後，我的想法有些改變了。如果再問我一次，我應該會回答「我『選擇』先相信，再看見。」

為什麼呢？又是什麼改變了我？

首先，加上「選擇」兩個字，是因為本質上的我並沒有改變，還是一樣實事求是、腳踏實地，「看見事實」對我來說仍然重要，實際的差別在於——主動「選擇相信自己重視的價值觀」，它讓我這幾年在創業的路上更堅定自

己的選擇，甚至能夠在看不見前路時持續前行。

我們選擇相信的事情，就是我們的 Why，這個 Why 形塑我們的價值觀，也是驅動我們行動的底層動機。

萊特兄弟相信人可以飛行，所以飛機誕生了。馬丁‧路德‧金恩博士相信人人生而平等，所以持續貢獻於人權運動。我相信天生我材必有用，只要願意探索及挖掘，任何人一定都能找到自己的獨特優勢。我們相信的事情不用很遠大，不用效法歷史偉人，只要是真心認同的，就足以支持我們繼續，即便遇上挫折、挑戰，依舊能走得踏實。

工具：五個關鍵字發現你的底層動機

價值觀能帶你看見「真實的自己」，找到自己的底層動機。我們為什麼會討厭某些工作類型、為什麼碰到某些類型的人立刻產生負面的感覺、為什麼會崇拜某些人……原因就藏在我們的價值觀裡。

價值觀可能是我們天生的感知，也可能是後天透過教育、學習、反思……形塑而成。但不管成因為何，了解現階段自我的價值觀，是一件非常重要的事。不少人在盤點自己的價值觀之後，就立刻找到了討厭目前工作和生活的原因，甚至想到可以改善的作法。這部分會在後續的「應用案例」分享。

價值觀無關對錯，你認為重要的，它就是重要的！每個人選擇都不同，這也是世界之所以如此豐富、多元、精采的原因！但價值觀往往藏得很深，不易察覺，所以需要透過一些工具——「關鍵字列表」來幫你盤點！

　　請從下表中選出五個最能代表你的價值觀的詞彙，建議分成兩步驟來練習：

1. 先慢慢閱讀列表，不用考慮數量地把有共鳴的關鍵字都圈起來。
2. 選完第一輪後，再仔細閱讀剛剛圈起來的關鍵字，篩選出五個最能代表你的價值觀。

　　只能選五個有點為難，但限制數量的確能幫我們做出取捨，才能判斷出哪些價值觀對自己是真正重要的。

價值觀關鍵字

圈選出5個你最有共鳴的字詞。

成就	真誠	學習	好奇	健康	好玩	發現
成長	果斷	朋友	負責	體驗	卓越	創意
美感	理解	勇敢	表達	鼓勵	尊重	公益
平衡	穩定	冒險	忠誠	紀律	愛	幽默
平靜	公平	承諾	開放	投入	慷慨	自信
和諧	正向	領導	和平	專注	真實	肯定
創新	野心	支持	務實	想像力	同理心	靈性
創造	多元	服務	影響力	靈感	夥伴	溫和
金錢	伴侶	社群	實驗	感官	安全感	家人
理想	堅定	號召力	自由	風險	幸福	贏取

教練提示

為了幫助你選擇，你可以思考：

- 過去的工作中，有沒有你很討厭的地方？為什麼討厭呢？和價值觀有關嗎？

- 有什麼元素拿掉了之後，你就不是你了？

- 如果有兩個詞彙對你來說很相像，可以進一步思考，哪個對你來說更重要？哪個放棄比較沒關係？

  舉個例子：有位同學本來在「創新」和「創造」中難以選擇，但思考過後，覺得創新比較像是新的概念，而他更傾向能把概念實踐出來，所以選擇了「創造」。透過這個反思的過程，也能幫助你找到對你來說更深層、更能帶來意義感的關鍵字！

- 如果你想到了自己十分重視的價值觀，卻不在列表上，請把它記錄下來。

  這個環節是要找到最貼近你的價值觀，所以務必誠實面對自己，選出你最重視的詞彙！

選好之後，請試著定義看看，你眼中的這個詞，對你來說有著什麼樣的意義？

如果你有機會和朋友討論，你會發現即使選擇了同樣的詞，每個人的定義不盡相同，而不同正是形塑我們成為獨特個體的主因。

舉我的例子：

我選出最重要價值觀中有三個是自由、真實、好玩。

- **自由**：有兩個層面，一個是能擁有更多自由的時間；另一個是能自由地表達自己，不論工作或生活都能隨心所欲的做自己。
- **真實**：喜歡人事物真實的本質，不過度美化。期許自己能一直選擇自己真正想要的、誠心待人，也希望能鼓勵大家探索自己真實的一面，然後坦然的做自己。
- **好玩**：能夠做創新的嘗試，讓每天都有不同的精采。Work hard, play hard!

寫到這裡，我發現在我重視的三個價值觀中，有兩個都跟做自己有關！那表示「做自己」對我來說真的很重要啊！怪不得之前在職場上，我如果碰到比較壓抑的環境或高壓強勢的主管會不適應。另外，因為很重視「真實」，我也特別不喜歡裝腔作勢的人，並且會下意識地避開講一套做一套的雙面人或公司。在選擇朋友和合作夥伴時，這

都是我評估的重要準則。

再進一步定義「做自己」

我認為「做自己」並不等於任性，而是希望保有自己的特質，用更自在的樣貌和他人互動，不用戴上面具，扮演一個不是自己的角色，因為這樣真的太累了。所以，找到一個符合自己價值觀的企業文化、職場環境，更能發揮所長。畢竟感到安全，自然能把重要的時間和心力，投入對成果有幫助的工作任務上。作為公司經營者，我也期望自己建立起來的公司文化，能讓一起工作的夥伴能好好做自己，讓多元共融真的實現在工作中的每一天。

價值觀對我們的影響遠比想像中的還要深遠，往往會成為我們選擇企業文化、職場環境、管理風格、同事氣氛的重要依據。如果你對於目前的工作或生活感到不滿意，就趁此機會把找到的線索整理起來，以便下次做出更好的選擇。

選好你的價值觀之後，先來梳理一下，在工作上你希望價值觀如何發揮吧！

- 你喜歡或討厭現在的工作,和你選擇的哪些
  價值觀有關係呢?
- 對你來說最不可或缺的價值觀是什麼?拿掉
  之後,你就不是你了?
- 你想要的企業文化或工作環境是什麼樣子呢?

　　最後,如果你需要更多靈感,也來看看其他人從價值觀中找到自己理想企業文化的描述吧:

- **公平與平衡**:希望工作環境對於夥伴們的表現能
  一視同仁,不要有太明顯私心偏好的狀況,也希
  望自己的工作不要占用生活的全部,能達到自己
  內在的平衡。
- **尊重與支持**:希望公司能重視每一位員工的獨特
  性和聲音,不是只把人當作螺絲釘,而是能以人
  為本,支持並重視夥伴們的想法與發展。
- **風險與務實**:希望公司在討論決策時,能更務實
  的評估風險的重要性,而不是倉促決策後發現不
  可行、不斷修改目標、耗費團隊精神。
- **想像力和影響力**:希望工作環境能鼓勵大家突破
  框架思考,發揮想像力找到更多新的機會和解決
  方案,並透過工作使產品或作品讓更多人看見。

再次提醒，每個人重視的價值觀都不一樣，這正是我們獨特的地方。一起把自己重視的價值觀定義出來，它會引領你更靠近自己喜歡的地方，讓自己工作得更加舒服！

價值觀如何形塑優勢？

作為探索優勢第一步，價值觀要如何形塑優勢呢？

價值觀可在三個層面上，協助打造我們的優勢：

1.找到相信的力量，更堅定心裡的方向

找到自己真正重視且相信的事情，會讓你開始為自己的選擇感到安心，價值觀就像是內在的指南針，會在每一次做選擇時為你指引方向。不管是決定離職、放棄機會、爭取新挑戰……找到自己的價值觀，這份相信的力量，會讓你更有底氣。

2.藉由驅動底層動機，產生更持久的行動及韌性

透過價值觀的推演，可找到自己的內在動機，萌生較為長遠的行動力，也較不容易放棄。因為知道自己為何而戰，自然會甘願堅持下去。雖然我是個興趣多元、廣泛的人，但是有兩件事我堅持了超過八年，一個是跳舞，一個是創業。扣回我的價值觀，這兩件事都讓我感受到「自由」「真實」「好玩」，一個是身體的，一個是橫跨商

業及人文的。而「持久的努力」和「不放棄的韌性」絕對是很大的優勢！（想像滴水穿石的畫面，你應該會很有感！）

3.形塑由內而外的自信，增加說服力及影響力

當你覺察到自我價值觀且全然內化後，你會為自己的每個決定和行動負責，而建立起由內而外的自信。而這份自信有著強大的影響力，它會帶你爭取到你想要的機會！

與你分享一個真實的學員故事。

30歲的Ren，是一位軟體工程師，過往經歷都在軟體業，前後端都有經驗。他來找我諮詢時，是想要從B2B的企業軟體服務跨到遊戲業，但是投了很多履歷都沒有回應。

我問他：「為什麼是遊戲業？」

Ren想了一下說：「從小我就很喜歡玩遊戲，印象最深刻的是多年前參加了一場遊戲的實體活動，現場感受到原來一個遊戲可以帶給人們這麼大的鼓舞，那個感染力很令人震撼，讓我也很想成為創造故事的推手。」

Ren說這段話時，眼神散發出光芒，足見他有多喜歡。在這個轉職念頭背後藏著「創造故事」的價值觀，因為這個價值觀，即使履歷不斷被拒也沒讓他放棄。

故事的最後，當然是 Happy ending，他順利就職理想的遊戲公司。他成功錄取的關鍵有兩個：① 是他在 Cover letter 上放大了自己為什麼想進遊戲業的動機，讓雇主感受到他的熱情與決心。② 是他強調自己過去在新創公司累積的經驗，以及面對全然陌生的問題會努力克服找出答案的性格等，可以如何幫助他更勝任這份工作。

正如 Ren，結合熱情、經驗、能力，站到對的位置，強調自己的價值觀與優勢，成功取得了想要的機會。這就是優勢思維希望帶給大家的改變。

記住，相信的力量是很強大的。找到自己內在真正相信的價值觀好好發揮，如果有任何時候面臨兩難，請一定要選擇良善。

善用相信的力量，你會一步一步走得更踏實、自信。

2. 職能：我的貢獻與價值

「能力有強弱，但更重要的是能力被應用後所產出的價值。」

如果別人問我的職能是什麼？我第一時間通常會回

答：「行銷。」

　　每次被問到這個問題，我都覺得我回答得不好。好像有好多事情沒交代清楚，比如行銷能力的強弱？行銷這麼多種類，到底是行銷的哪一塊？如果要找我合作，怎麼配合比較好？

　　就算我把它再細分為內容行銷、社群行銷、關鍵字、品牌、數據……總感覺還是很難表達自己到底強在哪裡。後來，我找到問題的癥結點了，就是我沒有好好的「展現它的價值」。

　　如果要好好展現職能，它需要的是一個更具體的情境，以及這個職能如何幫助到團隊或專案。當職能可以被好好呈現時，就更有機會變成個人獨特的價值。

　　舉我的例子：

- 零售業行銷時期：我的行銷能力帶來的價值，是幫助商品在實體店內被消費者注意、產生興趣，並產生購買意願。所以除了行銷之外，要獲得這個結果，還需要我「洞察」「美感」和「溝通」的能力。
- 創業後：我的行銷能力，轉換成對市場的洞察，帶領團隊一起打造出符合市場需求的產品。累積下來又擴增了「策略」「產品設計」「統籌」「領導」等不同的能力。

所以，如果你對目前工作沒有太多想法，可以從「展現」的角度來審視自己的職能，並且思考：你所「展現的特質」，能為團隊或是目標任務帶來什麼樣的貢獻與價值？

這也許能帶給你一個嶄新看待職能的角度！

定義職能：硬實力 vs 軟實力

討論職能，就不得不提到「硬實力」和「軟實力」這兩個概念。

職場中，很常會提到這兩個詞，但硬實力和軟實力到底如何區分比較好呢？

- 硬實力：是可被傳授和量化的能力，通常直接對應你賺取收入的能力，例如寫作、廣告投放、寫程式、會計……
- 軟實力：是幫助你把工作做得更好的特質，例如正直、善於傾聽、細心……

你覺得「溝通」是硬實力，還是軟實力？

可能有人覺得溝通可以被傳授，所以應該是硬實力，但有更多人覺得溝通是幫助工作進行得更順利的能力，不太算是職場核心技能，所以應該是軟實力。你覺得呢？

其實要判斷一個能力是硬實力，還是軟實力，最快的

方法就是問自己：「沒有了這個能力，這個工作還能完成嗎？」必要的能力是硬實力，非必要但有幫助的能力就是軟實力。

回到「溝通」這個能力的討論。如果你是業務，溝通能力的好壞，大大影響你的成交機率與工作結果，這時候溝通就是業務的硬實力；如果你是軟體工程師，溝通非必要，但是好的溝通能力能幫助你和團隊協作，這時溝通就是軟體工程師的軟實力。所以，硬實力和軟實力的判斷，會跟著不同的職位需求而改變。

區分硬實力和軟實力，是為了幫助我們更好的盤點自己的能力，好好的整理履歷、呈現自己的優勢、爭取更好的機會。因此不要過度拘泥定義，更重要的是透過這個思考的過程，了解自己的強項和優勢，把過往累積的經驗具體化呈現出來，才最重要！

工具 ① ：跨領域能力地圖

很常聽到學員說：「覺得自己沒有專長，也沒什麼特別的能力。」

這時候我都會很堅定地說：「不可能欸！過去的努力不可能沒有累積，你只是還沒有好好整理。」

但面對過去的經驗，到底要從何整理起呢？

與你分享一個我獨家設計的方法：「跨領域能力地

圖」。

用圖像視覺的方式具體化你的累積。實際完成的人都感覺非常有幫助，也對自己更有自信了！趕快來看看怎麼開始吧！

總共分為三個步驟：

1. 拉出時間軸

首先，把你過往的工作經驗、特別的專案、值得記錄的里程碑，透過時間軸的方式呈現出來，方便我們稍後回顧及思考。如果你還是學生，也可以回想一下參與過的特別專案、社團經驗、幹部經驗、打工實習經驗等。

總之這個步驟是為了方便我們回想，不用花太多時間思考完整性，隨時都可以回來加減調整。

2. 定義自己最核心的三個能力

列出你覺得自己最強或最有價值的三個能力，盡量是硬實力。如果很難想、很難判斷，以下幾個問題可幫助你釐清思緒：

- 你覺得自己最強的能力是哪些？
- 要做好現在的工作內容，會用到哪些能力？
- 公司／客戶聘僱你是因為你的什麼能力？
- 你的哪些能力是公司／客戶願意付錢給你的？

你的工作性質會影響到你怎麼回答上述問題,所以在回答上述問題之前,有幾件事要請你注意一下,可幫助更精確找到你的核心能力。

① 如果你工作類型比較單一,試著深入思考,要做好這份工作需要的能力是什麼?

舉例來說,如果是客服人員,試著想想要做好客戶服務需要的能力:可能需要擅長拆解問題、透過溝通協調解決客戶問題、對產品或產業知識知之甚詳、解決完客戶問題,也要做成報表紀錄讓公司理解狀況……站在公司的角度,公司最需要你的哪些能力呢?

② 如果你的工作類型比較多元,試著想想有沒有共通的能力?以及哪些能力更像你的基底能力?像我做過各種不同的工作:行銷、業務、PM……但回想一下,發現對我來說,要做好業務和PM的工作,其實都需要大量運用到我的行銷能力。因此我決定將「行銷」列為我的核心能力,而不是業務和專案管理。

③ 如果你有斜槓或其他能力,也可以思考它們對你的職涯有沒有幫助?如果有的話也歡迎放進來!

比方我同時有跳舞和拍片的經驗和能力,也的確有客戶願意為了這兩個能力付錢請我工作,並且這兩個能力也實際幫到我的職涯和工作,所以跳舞、拍

片和行銷能力並行成為我的三大核心能力。

④ 能力和特質不同，能力是可以對價、可以解決問題、可以完成任務的；而特質比較是與生俱來的個性。我們盡量盤點「能力」，而非特質。

⑤ 記住，這個工具是要幫你整理所累積的經驗，你可以先選三個來繼續往下做，如果之後有想到更適合的能力，也可以隨時置換或重做，但千萬別給自己太大壓力喔！

3.思考能力與經驗的延伸跨域能力

拉出時間軸和自己的三大能力後，最後一個步驟很好玩！

開始來交叉思考，能力與能力間、能力與經驗間，會延伸出什麼其他的小能力呢？

我在大學時期加入了熱舞社，因為跳舞而接觸表演和教課，表演和教課需要自己編舞、選音樂、剪輯音樂、打理妝髮造型……透過這些日常經驗，讓我開始累積了對肢體、音樂的敏銳性，以及打理表演造型、顏色、畫面構圖等跨領域的小小能力。而這些小小能力，卻大大的幫到我後來的工作，包含做行銷時選擇素材的藝術美感、接案時擔任廣告導演的判斷與決策，甚至現在的職涯講師工作。

當初在做這些事情的時候，我並沒有想過這會為我帶

來哪些幫助，但是細數過往，會發現一路走來都是有所關聯與累積的。

　　這個步驟可能會較花時間，但別急慢慢來。可以留10〜30分鐘給自己，好好回想過去的自己，累積了多少珍貴的小能力。相信做完地圖，你會感謝過去的自己。

　　附上我的跨領域能力地圖給大家參考，希望能為你帶來一些靈感。

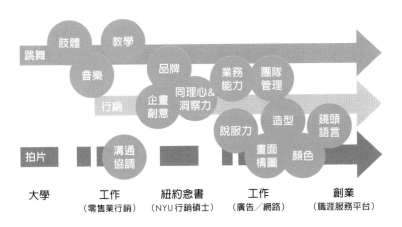

Grace的跨領域能力地圖

注意：
1. 不用限制小圈圈的數量，想到就都列下來，之後再來整理。
2. 毋須限制小圈圈是硬實力還是軟實力，只要覺得有幫助就列下來。

　　整理完之後，記得花點時間讚嘆一下，並肯定自己過去的努力。

　　回到開頭我說的：「過去的努力不可能沒有累積，你

只是還沒好好整理。」希望這個整理的過程讓你感覺更踏實有自信。

教練提示

讚嘆完自己的累積，想與你分享最後一個祕密小步驟，幫助你看到下一步方向——
請想一想在這些整理出來的能力中，「哪一個是你接下來想變強的能力？」

有些人整理完，發現自己最強的能力，其實不是現階段最需要的能力，因而找到下一步方向，或是對應目標，頓悟自己現階段可以開始學習的能力……不管從中發覺什麼，都是很棒的線索，記得把它記下來並力行實踐喔！你的進步，將指日可待！

工具②：十大職能列表

盤點完自己的能力地圖，再來介紹第二個盤點職能的工具：「十大職能列表」。

這裡想要帶你跳脫單獨能力的思維，試著站在公司或團隊的角度看看你能有所貢獻的職能會是什麼？說不定你會看到不一樣的自己！

以下是職場常見的十大職能，來看看你的主要職能是什麼吧！

請從下表選出一項主要職能，加上一個輔助職能，並分別簡述一下這項職能在你的工作上如何發揮效用！

①	表達 Expressive skill	透過文案撰寫、說故事、演說、簡報等不同形式把概念或訊息傳遞出去。
②	整合統籌 Coordination skill	透過整合資源、人、專案、時間等，增加效能、效率、完成任務。
③	建構產出 Building skill	工程師、營運等，透過建立架構、穩定產出、打造流程……累積產生價值。
④	人際服務 Interpersonal skill	透過人際服務促成銷售、合作、解決問題、達成目標。
⑤	創新 Innovation skill	新產品開發、開拓新市場、新技術等，透過創新促成正向改變。

⑥	分析 Analytical skill	邏輯推理、研究、策略、解構等，帶大家洞見深度、掌握脈絡。
⑦	數字 Numerical skill	財務、會計、數據等，追求數字精準度，從數字中看見機會。
⑧	美感 Aesthetic skill	藝術、視覺、造型師、設計師等，維持美感、增加好感度。
⑨	身體能力 Athletic skill	運動員、舞者、送貨員等，透過身體能力產生價值。
⑩	領導決策 Leadership skill	決策、引導、知人善用等，帶領團隊共同達成目標、提高團隊效益。

以我的經驗為例：

- 我在擔任「零售業行銷專員」的時候，我的主要職能組成是「②＋⑧」：

  ②整合統籌：整理業績報表、跨部門溝通、推進專案……

  ⑧美感：店內陳列溝通、設計溝通、行銷素材製作……

- 我「創業初期」的時候，主要職能組成「①＋②」：

  ①表達：寫文章、經營社群、演講……

  ②整合統籌：外包合作溝通、專案推進……

- 我「創業五年」後，主要職能組成是「⑤＋⑩」：

  ⑤ 創新：產品設計、策略制定……

  ⑩ 領導決策：管理團隊、會議及專案推進、團隊
  溝通、決策制定……

梳理後，我發現「整合統籌」是我一路以來都有使用
到的職能，同時也表示我不斷地在磨練它！而且我接下來
還會持續用到它。在不同職涯階段發揮效用的美感、表達
等其他職能也沒有消失，仍在我身上，只是現階段並非我
「最需要」的職能。

教練提示

到這裡，希望你停下來想一下，「現在的工作
中你最需要用到的職能，是你接下來想要持續
發展的職能嗎？」

如果是，太好了！繼續往下深耕吧！

如果不是，沒關係，可以思考看看：「未來想
獲得的／想加強的職能是哪個？」以及你可以
如何鍛鍊它？

透過這個過程可以幫助你梳理現在的職能組
成、累積了哪些具體的能力，以及更重要的
——幫助你重新校正方向。

職能如何成為優勢？

它可以在幾個層面上幫助形塑我們的優勢！

1. 可幫助你被理解、被看見，甚至被重用！

　　試想，你是一個老闆，手下有三名行銷人員，各個都說自己擁有寫文案、數位行銷、企畫的能力。如何才能讓三人有效分工，做出最大貢獻呢？這時透過上面「十大職能表」梳理出三人各自的最強職能，假設分別是：表達、分析和整合。這樣是不是就比較清楚什麼樣的工作分配給誰會做得最好。此外，就個人來說，將自己的職能定義清楚，有助於別人了解如何與你合作，你也能更主動地爭取想要的位置和角色。

　　在對的位置上，放大自己的職能，不只能讓自己更有成就感，也能放大團隊的工作績效！

　　It's a win win!

2. 用來對應具體的情境或目標，以發揮最大價值

　　某次與大學生們分享職涯主題，在最後 Q&A 問答環節，有位學生的提問令我印象深刻。

　　學生：「看著別人能力很強，總覺得趕不上他們，感覺好焦慮，怎麼辦？」

優勢思維

064

我：「感覺你急著想讓能力變強，那假設你真的提升了能力，你的目標是什麼？」

學生：「想申請跨系研究所。但其他本科系的同學比我多念了三年的書，對主題的掌握性比我熟悉很多……」

我：「所以你的目標是考研究所嗎？如果是，現在的你需要做什麼呢？」

學生停頓了一下，感覺放鬆了些，說道：「喔～所以其實我不用和別人比較，專心準備考試就好了，對嗎？」

其實不只他，許許多多職場工作者都不斷為提升能力而學習多種課程、考取多張證照……卻因此導致學習焦慮。其實，職能是需要「被使用」的，當我們理解自己的目標和使用情境，能力才能轉化成價值，而追求價值的提升才最重要！

那什麼是價值？

說得白話一點，就是你透過能力，帶來的實際貢獻。例如：

- 我的行銷能力很強，帶來業績的轉換
  → 行銷是能力，帶來業績是價值。
- 我的寫程式能力很強，能打造穩定的軟體產品
  → 寫程式是能力，打造穩定產品是價值。

追求能力的提升很重要，但也別忘記站在團隊的角度看看自己，想想你能帶來什麼樣的貢獻和價值？這或許能幫你看見嶄新的職涯方向。

盤點完自己的職能，接著來看看如何從天賦中找到自己的獨特性吧！

---

3. 天賦：
我與生俱來的特質與潛在優勢

「順應天賦，成功可以渾然天成。」

你是不是感覺有些時候做起事來老是卡卡的？

花了很多時間，結果好像還是不理想？

而且過程中，經常懷疑自己、備感無力？

如果你腦中正浮現這類畫面或時刻，就顯示你可能沒有順應天賦在做事。

像我，也做過很多「感覺卡卡的事」，比方小時候學鋼琴、學生時期蒐集資料做研究報告、背歷史、工作之後整理發票、整理報表……都讓我心生抗拒、百般拖延。但

像是跳舞、做設計、和客戶討論解決方案⋯⋯我都能很快投入，而且會很期待趕快去做！

從這幾個線索思考，我後來發現自己對於「框架」是有點抗拒的，能夠「無邊際開展」讓我感到自由，而且動力會源源不絕。

我後來才知道，這種感覺，就是天賦在影響著我。

天賦如何影響我們？

講到優勢思維，天賦絕對占有重要的一席之地。

因為天賦往往比較難察覺，所以最常被忽略，卻是最有潛力可形塑我們獨特性的關鍵武器。

如果說價值觀幫我們找到內在動力，用以判斷現在的環境是否適合自己；職能幫助我們找到方向，和了解現在自己的價值；那天賦就是我們藏在深處，可能還未磨尖的武器，它很有可能扮演在關鍵時刻幫我們快速推進的要素。

天賦和優勢息息相關，也時常被我們提及，但我們對於天賦的概念，卻總是很模糊。所以，就先從天賦的定義來了解吧！

天賦到底是什麼呢？

　　天賦的定義是：自然而然會重複出現的想法、感覺、行為。有時候我們想到天賦，會直接聯想到才華，例如他有歌唱、寫作、語言……的天分，講的是這個人在做這件事的時候，學的速度比一般人快，成果也比一般人好很多，這的確是「天賦透過外在能力展現的結果」，但在這裡我想講的天賦，是更內在、更核心的直覺傾向。來舉個日常生活發生的事例來幫助理解吧。

　　假設你要規畫一趟出國旅行，第一時間會想到哪些事情？下面哪個直覺比較像你的思路：

A. 找誰一起？他可能會比較喜歡去哪裡？

B. 買本旅遊書或上網查一下資料，看看哪裡必去？

C. 趕快來查機票，以免買不到或買貴了！

D. 先把時間空下來，到時候再看心情決定去哪囉。

　　選 A 的人，可能會直覺想到夥伴、朋友的需求，往往給人溫暖、可靠的感覺。（→ 天賦可能傾向同理心高、洞察力敏銳）

　　選 B 的人，可能會直覺先蒐集資訊，用這些資訊來做更全面的判斷。（→ 天賦傾向理性、重視邏輯）

選 C 的人，可能會直覺想到風險，想先排除困難。

（→ 天賦傾向先做好萬全準備、防範於未然）

選 D 的人，可能會直覺順勢而為，享受不做規畫帶來的驚喜感。（→ 天賦傾向有彈性、應變力強）

這四個選項並無法說明所有天賦的可能性，只是作為提示，方便理解在同一件事情發生當下，通常會有的不同的第一時間反應，明確來說，就是自然而然會重複出現的想法、感覺、行為，也就是我們潛在的天賦！

好，那這個「自然而然會重複出現的想法、感覺、行為」和我們的優勢有什麼關係？或是能為我們帶來什麼樣的優勢？

選A → 天賦＝同理心高、洞察力敏銳

擁有這類天賦的人，因為擅長觀察、理解別人的情緒和需求，很容易與人建立起有信任感的深度關係，所以不管是在團隊合作、溝通協調、經營客戶關係等，與「經營人際關係」的場景都可能很有優勢！

選B → 天賦＝理性、重視邏輯

擁有這類天賦的人，因為重視邏輯思考，也擅長蒐集並分析資料，通常能顧及更全面的思考維度，做出更妥善的決策。所以在深入研究、拆解問題、整理資訊等，「分

析與決策」場景中可能更具優勢！

選 C → 天賦＝先做好萬全準備、防範於未然

擁有這類天賦的人，心思縝密、負責任，因為擅長優先思考風險與困難，並加以排除，通常執行力高且讓人放心。所以，如果用在前置規畫、風險趨避、活動執行等「任務規畫與執行」角色上，可能更能發揮優勢！

選 D → 天賦＝有彈性、應變力強

擁有這類天賦的人，個性隨和、處變不驚，因為很享受當下，總是專注思考當下需要的，所以很習慣彈性的調度資源，也可能更擅長處理當下的各種突發狀況。如果用在現場統籌、危機處理、表演等「現場活動」上都可能很具備優勢！

像這些「自然而然會重複出現的想法、感覺、行為」，常會在不同場景中不小心就出現並影響我們，如果我們能掌握這些天賦線索，並將它們放到對的位置上鍛鍊，就能將天賦實際轉化成具體的優勢！

天賦可以透過鍛鍊，成為誰也無法模仿的獨特優勢

天賦
是自然而然重複出現的想法、感覺、行為。

鍛鍊

優勢
特定情境下被純熟運用的結果，而且往往讓人處於相對有利的位置，也能讓人產生成就感、自信與滿足。

　　天賦是一種天生的傾向、偏好，而優勢是一個正向結果。要讓天賦能真正變成優勢，需要一個「鍛鍊」的過程。我寫這本書的目的就是希望能帶你一起探索你的天賦，然後定義出情境，讓你的天賦可以透過鍛鍊，成為誰也無法模仿的獨特優勢。

若是工作沒有順應天賦，會發生什麼事？

　　先講講，如果我們逆著天賦工作會有什麼結果好了。

　　有一天，從事廣告投手的 Catherine 來找我諮詢。她32歲，工作經驗有民宿打工換宿、電商行銷，到現在的廣告放投，而這份工作已經做了五年，她感覺自己越來越消耗、越來越不開心。回想最喜歡的工作，是在打工換宿時期，能傾聽不同客人的故事、幫客人解決問題，是她努

力生活的動力來源。反觀現在的工作，除了睡覺，一整天幾乎都對著電腦，根據目標追蹤數字與成效。

Catherine 說：「有時候即使目標達到、數字很漂亮，我也感覺沒意義。很想念那段可以和人接觸、實際幫到別人的感覺。」

事實上，這種「感覺少了點什麼」「越來越消耗」的感覺，往往都來自現在的工作和自己的天賦相違背。

從 Catherine 諮詢的結果得知，她的天賦傾向「情緒洞察者」「獨特性探尋者」（詳閱〈chapter3〉）。她擅長觀察每個人的情緒和獨特性，而且透過與人深度交流、協助他人成長時會感到特別滿足。但現在的她，每天對著電腦，天賦無從發揮，自然越來越沒動力。在了解自己沒有順應天賦從事喜歡且適合的工作，才導致疲乏、困頓後，她打算之後將結合現有的行銷能力和天賦傾向，往「客戶成功經理」「人資」「行銷顧問」的方向研究看看，讓自己的能力可以實際幫助人，並從工作中找回自己需要的正向能量！

四步驟發現你自己的天賦

關於天賦的探索，我想分成兩大部分來討論：「自主探索」和「測驗工具」，兩者同等重要。而且在互相搭配下，發現的天賦會更準確，也更能被我們所應用。能應用才最重要，對吧！

這四大步驟，首先會從「自主探索」開始，原因是希望你先不要被任何工具限制，開放地探索自己的不同面向。之後再透過「測驗工具」幫助你對自己的天賦、特質有更具體的描繪。這樣的順序可以兼顧廣度和深度、主觀和客觀，更全面性的找到自己的潛能：

1. 自我覺察：觀察自己的正向能量來源。
2. 弱點光譜：從弱項找天賦。
3. 尋求反饋：驗證自己的發現或是獲得新觀點。
4. 測驗工具：透過測驗解析具體化整理自我潛能。

1. 自我覺察：
找出正向能量來源與令你熱血沸騰的挑戰

花些時間反思你喜歡做什麼，以及在哪些活動中會感到勝任、愉快並且滿足。其中就藏有你的天賦！透過自問自答以下問題，可以幫助你觀察：

- 做哪些事情的時候，時間過得特別快？
- 在哪些活動中你經常進入心流狀態？（也就是你全神貫注且效率極高的時刻）
- 你學得比別人快的事？
- 你喜歡做的事有哪些？在哪些活動中能感覺到正向能量？

　　不少人向我表示，他們從事創作、下棋、查找資料、表格分析、社交、美化簡報等事項時感覺更容易專注，而且感覺時間過得特別快。我自己的經驗是——我從小學二年級開始學鋼琴，大概學了六、七年，每次練琴都讓我很想逃避，屢屢拖到上課前一晚才惡補練琴。想當然，我的琴藝自然不怎麼好。上了大學，我加入熱舞社，開始學習街舞，每次社團活動才剛結束，我就開始期待下次上課，第一年就擔任幹部，甚至第二年很幸運的有學姊找我一起去教小朋友跳街舞！一樣都是藝術領域，但我在學鋼琴和學街舞這兩件事情上的心態和成果卻截然不同。

　　回頭來拆解，我發現我不喜歡練琴，很大的原因是限制比較多，包含樂理、指法、身體一定要坐在鋼琴前等，而且「好的標準」很明確，重複性也比較高；相反的，街舞更重視「風格」，不管是舞風或個人風格，都可由個人的獨特性去做詮釋，而且和好夥伴一起練舞也很開心！對

我來說，跳街舞比彈鋼琴讓我感覺更自由，也更有成就感和正向能量。對我來說，街舞完全符合上述的四個面向！

再次整理後，我發現「注重每個人的多元與獨特性」「和同伴們一起練習」「不受框架的自由發揮」是我很享受的元素。將這些元素延伸到職場上，也一樣深深地影響著我。我很重視公司的企業文化是否尊重每位夥伴的獨特性，也重視團隊夥伴一起合作的氣氛，也喜歡公司給我足夠的空間發揮。反之，我會感到格格不入。這也是為什麼後來我選擇在新創公司工作，以及驅動我自己創業。在比較新創、擁抱多元、沒有太多框架的環境中，我能感覺自己在發揮天賦，比較自在，也有更多的動力與能量！

現在，請你也試著回想，從小到大有沒有做什麼事情時，你感覺時間過得特別快、容易進入心流狀態、學起來比別人快、做起來特別有正向能量的事？這些事情當中有沒有什麼共通性？又是因為你的什麼特質，幫助你做到這件事？這些共通性和特質中，很有可能就藏著你的天賦！

用「辛苦了」來判斷你真心喜歡做的事

如果你不太確定如何分辨自己是否喜歡這件事，與你分享一個判斷的方法。

我發現「你辛苦了！」這句話能很好的幫助你辨識你喜歡做的事。當你聽到別人對你說出這句話之後，請留意

你的感受。

　　話說某次我參加了一項舞蹈表演，當表演結束下台後，我朋友跑來稱讚我表演得很好，並且對我說了一句：「你辛苦了！」那個當下，我突然不知道如何回應，因為我完全不覺得辛苦啊！

　　由於朋友也是一名舞者，所以很清楚要完成一場台上五分鐘的表演，背後要付出多少努力和時間，因此才會脫口說出「你辛苦了。」然而我自己並沒有辛苦的感受。雖然我的確付出很多時間反覆雕琢細節，下班趕練舞常常只能買便利商店即食品果腹，但是從練習的過程到表演本身，我都覺得很好玩、很享受，一點也不覺得辛苦！

　　因為這個契機，我試著想像之前的工作，當我完成某件事時，如果有人對我說「辛苦了」，我的反應會是如何？

- 錄完 Podcast，如果有人跟我說「辛苦了」。我覺得……不辛苦！覺得不過是在聊天啊，聽到很多不同的故事很有趣！
- 擔任影片拍攝的服裝造型師，如果有人跟我說「辛苦了」。我覺得……不辛苦！覺得能幫角色設定服裝、逛街選物、搭配……很好玩啊！
- 處理表單、整理文件表格……幾個小時後，如果有人跟我說「辛苦了」。我會覺得……嗯，真的滿辛苦的。哈哈哈！

那個緊接在「辛苦了」之後的第一直覺反應，似乎能說明些什麼。對我來說，想像做完這件事，有人和我說「辛苦了」之後我的反應，好像很能真實反映我的喜好！提供給你參考，希望這句話也能幫助你判斷出喜好。

教練提示

你也來試試吧！

_____（填入你的工作項目），
然後想像有人在你做完之後跟你說：「辛苦了！」你的真實感受會是什麼？會期待再做一次嗎？

用湧現鬥志、熱血沸騰來判斷你真心喜歡做的事

　　除了感受到正向能量（喜歡）外，還可以從另一個維度發現天賦，就是你被激發鬥志的時候！什麼樣的挑戰會讓你熱血沸騰？想必不是所有的挑戰吧。（除非你是《六人行》裡的Monica）

　　在工作或生活中，什麼樣的事情會讓你躍躍欲試？即使遇到挑戰或困難，也想要積極往前？

有人是球賽、有人是下圍棋、有人是上台簡報、有人是解決超困難的問題、有人是找出創新解法……每個人被點燃的瞬間都不同，而這個瞬間就藏有你的天賦線索。

對我來說，找創新解法總能讓我燃燒內心小宇宙，熬夜也要做！當我發現某個問題，現今還沒有解法、市場上還不存在、還沒人做過，我就很有興趣接受挑戰並開始做！例如打造新的課程、寫這本書……都是很直接的例子。而這也很符合我的職場優勢角色：創意奇才（詳見〈Chapter3〉）。創造、開展新事物是我的天賦，如果我把它應用在對的工作任務，我的動力便會由內而外產生。

所以，請把令你熱血沸騰的「教練提示」記錄下來吧，對照看看這些挑戰和你的天賦角色有什麼相關性，從中找到你的天賦！

2. 弱點光譜：
弱點就是用來翻轉的！從弱項找天賦

與你分享一個有趣的現象。

在上實體課時，邀請同學表達自己的優點，很多人都會想不出來、不好意思說，但說到自己的盲點、弱點，討論就會異常熱烈。

這可能有幾個原因：

- 內建謙虛模式，不好意思把自己講得太厲害。
- 從小就被教育要補強弱項，所以習慣性看自己缺少的部分。
- 天賦對我們來說太自然了，往往被視為理所當然，根本沒察覺到它的特別。

不管是哪個原因都沒關係，既然缺點很好想，我們就從這裡出發思考吧！這其實也是一個很好的起點。每一個缺點的對面都可能是一個美好的優點，而且可能和你的天賦有關。

現在請你想一想，從小有沒有很常被唸叨一樣的事，像是：

「動作慢吞吞的，真是急死人了……」

「這麼內向，小心以後交不到朋友！」

「參加比賽就要拿第一啊，怎麼這麼沒有競爭心！」

以上小缺點，可能都可以翻轉成為優點，像是：

慢吞吞　　　→ 不疾不徐、隨遇而安

內向　　　　→ 感知敏銳

沒有競爭心 → 在乎團隊和諧

每個人都有所謂的「弱項」，但你會發現這些弱項並非絕對，它在不同的場景很有可能翻轉成為優勢！我們

需要做的，就是勇敢面對這些弱項，找到它可以發揮的場景，說不定就有機會成為我們獨特的優勢！

以下三個步驟幫你把弱點轉為優勢：

① **找出自己的弱點**：有哪些別人提過、自己發現的弱點？先把它們列出來，有助於接下來能更具體的思考。

② **重新定義弱點**：每個人看問題的角度不同，我們眼中的弱點，從他人角度可能是優勢。重新定義弱點，找到其中正面的意義。

③ **尋找應用方向**：思考在什麼領域或環境下個人的弱點能成為優勢，找到適合的應用場景。

① 找出自己的弱點

每個人都有弱點，我想你應該贊同吧。沒有一個人是完美的，因為每一個特質都有它的光明面和陰暗面。樂觀的人開朗積極，但可能容易過於天真；保守的人能避開風險，但可能容易錯過機會。

請你從兩個層面來思考：

- 你認為自己有哪些弱點？有哪些特質時常困擾你呢？
- 有沒有哪些事你很不擅長？做的時候會感到排斥？

務必把它們一一列出來！

② 重新定義弱點

　　承上，花點時間想想，你列出來的那些弱點，換個角度想可能是什麼優勢呢？那些不擅長、總是提不起勁來做的事情，是為什麼呢？其中原因藏著什麼優勢呢？

　　舉例來說，有人習慣想到什麼就做什麼，所以常被說橫衝直撞。換個角度想，這可能是很有行動力的表現；有人優柔寡斷，總是做不了決定。反面，可能是思考周全的表現；有人很抗拒說服別人，是因為不喜歡強硬的影響他人，顯然是因為同理心很強；有人不喜歡做重複性工作，是因為沒有新的刺激而感到無聊，其中很可能是學習欲旺盛。

　　所以，每個缺點背後或是不擅長的事情背後，一定有原因，而這個原因也和天賦有關。花點時間，把你想到的缺點和不喜歡做的事列出來吧，然後換個角度想，它可能是什麼優勢呢？

換個角度想，弱點也能變優勢

弱點（優勢）	優勢（弱點）
想太多	審慎思考
拖拖拉拉	完美主義
三分鐘熱度	好奇心旺盛
魯莽	果斷
情緒化	熱情
不知變通	系統化思維
頑固	堅持
沒有主見	適應力強
容易受人影響	同理心強
急躁	重視效率
冷漠	理性客觀
討厭重複的工作	學習欲旺盛
討厭競爭	追求和諧

③ 尋找應用方向

重新定義弱點之後，有沒有讓你耳目一新?!

接著，要來翻轉弱點囉！這需要一個嶄新的用法，所以一起來發揮創意，想一下當你發現這個意料之外的新優勢，將它放到哪個情境會很有用？

舉個例子，有位學員跟我說，他覺得自己很內向，每次開會都不敢表達自己的意見，久而久之，大家就覺得他沒有意見，也就不問他了，讓他感到越來越不受重視。

我問：「為什麼你在會議上不說出自己的意見呢？」

他答：「我怕起衝突。」

我問：「所以你喜歡和諧的環境是嗎？」

他答：「對，會讓我感覺比較有安全感。」

我問：「那你覺得如果『創造和諧的環境』是一項天賦，你可以如何使用它？」

他想了想，回答：「如果我可以在開會前先知道大家的想法，也可以先和重要關係人一對一聊過的話，知道有人會支持我的論點，我可能會更願意說出來！」

真是一個好棒的應用！把應用場景從「會議當下」轉換到「會議前的一對一」，這項天賦就可以發揮很好的效用了！

再舉個例子，另一位學員覺得自己總是想太多，往往公司在討論新的專案時，他心裡都會有很多不安，擔心自己做不到、成效不好，也被同事說過太謹慎保守。他很希望自己可以成為像其他同事那樣創新、勇敢的人。

我問：「公司在討論新專案時，你為什麼會擔心？當下的你在擔心什麼？」

他答：「擔心很多事欸，擔心這件事情自己沒做過，不知道如何開始。也擔心過程中遇到困難怎麼辦？最後搞砸了怎麼辦？……」

我問：「所以對你來說，比起先看見機會、新的作法等，你更容易先看見『問題或困難』是嗎？」

他答：「好像是欸……」

我問：「那如果『看見問題或困難』是一項天賦，你可以如何使用它？」

他想了想，回答：「新的事情一定會有可能的風險和困難存在，如果我能先把我看見的困難和問題逐一列下來，再來和團隊討論，說不定可以幫助團隊預先避開風險，也幫助我解除擔憂，對嗎？」

又是一個好棒的應用！把應用場景從「新專案發起的討論」轉換到「新專案執行的分段討論」，這個天賦就能大大發揮了！

如果你也遇上難題，力謀突破，就問問自己「如果Ｘ Ｘ Ｘ是一項天賦，我可以如何使用它呢？」

....

3. 尋求反饋：
驗證自己的發現，並獲得新觀點

多數人都看不見自己的天賦，你知道是為什麼嗎？

天賦是與生俱來的，我們從小就習慣「這樣思考、觀看、行動」，久了就理所當然了。比方有些人習慣體諒別人、為人著想，所以他們覺得這沒什麼特別，應該大家都這樣吧！事實是，能洞察別人的感受和需求，不是人人都能輕鬆做到。也有些人習慣蒐集資訊、比較優缺點，所以可能覺得大家都會想要這麼多。

但，真的沒有喔！不是人人都願意花時間研究選項，做出萬無一失的決策。

這就是為什麼，探索潛能的第三個方法，是透過別人的眼睛來看自己。把它擺在後面，是有原因的。它雖然很重要，但我不希望你在探索的一開始就被別人的意見影響，才會放在後面談。

如果你超車閱讀到這裡，建議你回去從第一步驟看起，你的思考和探索可以更完整全面。

前面的步驟，我們做了深度的覺察、紀錄來分析自己，現在，要來看看別人眼中的我，到底是什麼樣？是和我想的一樣？還是會有不同的發現？

建議你透過三種類型的人來給你反饋：

- 家人：陪伴你一路長大的家人，通常是最了解你個性的人，看過你開心，也看過你難過、生氣，也知道你成長的變化。

- 朋友：和朋友相處，往往是最放鬆的時刻，所以朋友通常最了解你私下真實的樣子，也因為沒有利害關係，給的反饋通常都很有幫助。

- 工作夥伴：一起工作過的人都算工作夥伴，包含同事、主管、下屬、客戶、專案合作對象……都可以，只要共事過一段時間，你覺得他足夠認識你就可以。建議一定要找工作夥伴提供意見，因為他們能發現你在工作表現上，朋友和家人都不曾看過的優勢。

要怎麼選人呢？

憑直覺選就好，因為我們的直覺通常很準。

你可以問問自己：「我想獲得誰的回饋？」冒出來的人選就是了！

建議選擇已經認識一段時間，對你有一定程度了解的人。如果你同時也欣賞、尊敬他，就太好了。

該怎麼問比較好呢？

直接問。例如問對方：「你覺得我的優勢是什麼？」

如果對方有些疑問，不解為什麼會突然冒出這個問題，你可以稍微解釋一下：「最近我在整理自己……」「最近看了《優勢思維》這本書，想照著書上的步驟練習一下……」坦白分享你的情況，相信對方都能理解。

我自己在做這項練習時，也收到了不同面向的反饋，讓我有了不同的思考：

　　朋友兼工作夥伴Ａ：「我覺得你就是可以讓品牌連結到自身的那種 CEO 代表，會讓別人覺得你就能說明你的品牌想要呈現的態度和質感。你的強項是你可以很輕鬆的連結到你需要的資源，而且會讓別人願意和你合作（這是你的一種人格魅力）。行銷專業當然也是你的優勢，所以目前為止品牌的質感都很好，這都是因為你的關係。」

　　朋友兼工作夥伴Ｂ：「你觀察力敏銳、有同理心、邏輯思維脈絡清晰、組織能力好、善解人意、願意關心每個人、廣結善緣、適合做與人接洽的服務。在團體裡會是核心角色，帶動凝聚力也發揮影響力，能正面感染旁人。」

　　這兩位剛好都是朋友兼工作夥伴，所以他們給的反饋更立體。除了讓我覺得心靈滿足外（誰獲得稱讚會不開心呢？你說是吧），我發現他們兩人都提到了一個我自己過去沒發現的優點，那就是「連結資源」「廣結善緣」，雖然用了不同的詞彙，卻是一樣的意思。而這也驗證了我擁有「正向感染力」天賦角色的特質。於是我開始問自己，我真的擅長連結資源、開啟合作嗎？如果是的話，我喜歡嗎？如果這是我的優勢，我可以如何更積極地使用它呢？

得到回饋之後可以做什麼？

　　得到他們的回饋，讓當時的我，瞬間覺得又有力氣往

下走了！也在後續規畫任務時，讓自己多做一些連結資源的角色，成果也都很不錯！（真心感謝兩位夥伴）

也有很多學員做完這個練習和我分享：「感覺更有自信了。」沒錯，這就是這項練習的目的啊。我們每個人都一定有優點，只是有時候自己很難察覺，所以才要透過別人的眼睛來告訴我們。

收到正向回饋後，要記得好好收下它。然後把它帶到下一個想要去的地方。同時記得要抱持感恩的心，不要吝於表達感謝，可以的話，也和對方說說你在他身上看到的優點，打造一個正向的循環吧。他一定會很感謝你！

4. 測驗工具：
透過解析，具體化整理自己的優勢

自我覺察之後，我們可以用別人的反饋來做驗證，也可以用測驗來探索更多可能性。關於探索優勢的工具超級多種！統整過後，可以大致分成兩大類型：

- 命理類型（命盤、星盤、紫微斗數、人類圖）：根據出生日期和時間，得到你的對應結果。
- 測驗類型（蓋洛普、MBTI、Holland 六型人格、DISC）：透過測驗題目，根據自主填答的統計分數，得到你的對應結果。

命理型探索工具：
可作為了解自己的參考，但不要局限發展

「命理類型」的工具是相對方便獲得結果的方式，透過不少服務只要知道自己的出生年月日和時辰，就可以得到結果。而依據不同的體系，會給你對應解析，有的甚至會告訴你，你適合做什麼工作。相信有不少人也受惠於它的簡易方便、保有解讀空間。我讚嘆這些系統豐富的涵蓋性，好像總有研究不完的面向。

「命定」感覺很浪漫，但或多或少有種已經決定的含意。比起命定，我更享受自己開創的感覺！曾經有位命理老師看著我的命盤說「你不適合創業」。我理解他為什麼這樣說，因為我的命盤是比較喜歡變化，而創業要走到最後需要更多穩定性和系統性，儘管知道老師只是把他看見的和我分享，我還是難過了好一陣子。當然，這也只是一位老師的解析，也許不同人會有不同的見解。

在嘗試過各種不同命理工具，聽了各方解析後，我覺得這個工具拿來了解自己還不錯，但我更仰賴「優勢思維」，真心認為人人都可以用自己的優勢做到自己想做的事！畢竟要達成一個目標，總有不同的作法和路徑啊。所以面對命理類型的工具，想給大家一個重要提醒——無論任何工具都是用來幫助我們更認識自己，不要削足適履使自己受限了！

測驗型探索工具：
透過測驗題細膩且精準分析受測者的天賦

　　「測驗類型」的工具通常需要花點時間做測驗，題目數量多寡不一，幫助我們看見自己的維度也不一樣。市面上比較常見的性向測驗有 MBTI、DISC、Holland 六型人格、蓋洛普……

　　研究過後，其中我特別喜歡蓋洛普測驗，因為它的題目數最多，信度相對較高，也是把人的天賦分析得最細膩的測驗。因為這樣，我在 2021 年考取了蓋洛普全球優勢認證教練，對這套工具掌握度更高了，甚至也把它融入 BetweenGos 的部分職涯服務中，成為幫助大家探索自己的重要工具！

獨家開發的職場隱藏優勢測驗

　　天賦對職涯選擇的影響真的很大。天賦傾向不只影響我們的思考方式、行為模式，也會影響我們對人事物的觀感、工作內容的好惡、成就感的來源……有太多可以挖掘探討了！

　　儘管市面上大部分測驗報告，已提供我們很多不同維度的解析，能讓我們更了解自己的個性、特質等，但是仍有許多學員向我反應，第一時間拿到報告，常感覺「對！這些描述都很像我！但是……然後呢？」後續不知道如何應用。

後續應用是最常被提及的煩惱。當然，個人教練、企業教練存在的價值與意義也在於此，透過提問、反思、對話幫助客戶有突破性的新發現。不過，這個反應卻也促使我思考，如何做才能把天賦的概念更直覺地呈現給學員，讓讀到的人可以第一時間就建立起自己天賦和職場的關係，並更好的想像如何運用在工作上。於是我開始著手打造一個相較輕巧、即戰力強的測驗，讓人看了就懂、懂了就可以開始行動的天賦工具。「ISME 職場優勢測驗」於是誕生了！

　　這項測驗匯整、融會貫通了我們職涯服務平台八年來，成功協助超過 5,000 位學員自我探索的過程經驗精華。根據大量和不同產業、職能、年資的工作者交流，透過訪談、一對一諮詢、實體工作坊、企業授課、線上課程等，累積、分析第一線的需求，以及驗證過的實例所打造而成！是適合反覆拿出來認識自己的測驗工具，期待可以協助你找到自己獨一無二的潛在優勢與職涯道路。後續的章節，將為大家進一步說明詳細的測驗和結果分析。

擁抱真實的自己，
讓天賦自由！

　　到此你已完成了第一步「探索」，希望你已從中找到自己的潛能種子，也更貼近真實的自己了！

　　先來複習一下，在探索優勢的三個要素中，我們探索了哪些層面：

　　• 價值觀：我的信仰與底層動機 → motivation

　　找到自己的核心價值觀，更了解自己的底層動機，也對自己認同的企業文化、理念、環境有更深的體會，這會是你選擇方向很重要的內在指南針。

　　• 職能：我的貢獻與價值 → value

　　職能是你在組織中所貢獻的能力，這些職能的發展會幫助你體現自己對團體的貢獻，進而兌換成價值。

　　• 天賦：我與生俱來的特質與潛能 → strength

　　天賦是我們與生俱來的特質、偏好、傾向，了解自己的天賦傾向，就是解鎖自己潛能的第一步。透過掌握天賦線索，打造更適合自己的職涯優勢策略。

　　在任何一個要素中，你有了新的發現都可以是接下來

行動的方向。例如：

- 發現現在工作和自己的「價值觀」相違背：可以思考如何改變？要轉換嗎？如果要換工作，我希望下個職場擁有什麼樣的企業文化呢？
- 發現自己現在的「職能」發展不是自己最想要的：可以思考如何重新定位自己？有可能爭取不同的角色嗎？還是開始學習什麼新的能力呢？
- 發現自己有更想發揮的「天賦」：可以思考在現有的任務中，如何更好的運用自己的天賦？還是想要開啓什麼新專案或興趣呢？

相信你的直覺，你的直覺不會騙你。

這些感覺、發現、靈感，都是屬於你的，只有你自己知道，什麼樣的生活能讓你開心、滿足、充滿動力。別人的聲音也許是善意，但唯有你能為你自己做決定。而你也知道，唯有這個決定是你真心相信、由內而外產生的，才是踏實、穩固、也最有力量的。

下一章，我們將透過測驗讓你更認識自己的天賦特質，也透過案例故事，讓你了解如何將天賦實際應用在工作與生活當中，開始為自己創造獨特的優勢。

Can't wait, let's go!

總結本章 POINT

1. 「優勢思維」可以協助你找到内在的聲音和動力，讓你的行動和未來的目標對齊，更快地實現理想的未來。

2. 核心價值觀是幫助我們做出選擇最關鍵的要素，是定位未來方向十分重要的人生羅盤。

3. 掌握自己的職能，會大大影響自己在團體中的發展。

4. 天賦是我們與生俱來的特質、偏好、傾向，而這些天賦當中時常藏有我們的動力與優勢。

5. 硬實力和軟實力的區分，是為了更好的盤點自己的能力。不要過度拘泥定義，更重要的是，把累積的經驗具體化呈現出來！

6. 站在團隊的角度看看自己，想想你能帶來什麼樣的貢獻和價值？能幫你看見嶄新的職涯方向。

7. 要讓天賦能真正變成優勢，需要一個「鍛鍊」的過程。

8. 「感覺少了點什麼」「越來越消耗」的感覺，往往都來自現在的工作和自己的天賦相違背。

9. 「你辛苦了！」這句話能很好的幫助你辨識你喜歡做的事。

10. 弱項並非絕對，它在不同的場景很有可能翻轉成為優勢！

職場優勢解析與應用

給自己一點時間仔細地做測驗，並透過測驗解析
了解自己的隱藏優勢和適合的角色。透過閱讀真
實學員故事還可以帶給你新的啟發與靈感。

終於要開始與你一起解鎖你的職場優勢！

這項獨創的 ISME 職場優勢測驗，是結合了「天賦」和「角色」的概念，更方便你想像測驗得出的結果可以在工作上如何透過角色發揮優勢！

準備好做測驗了嗎？立刻來試試吧！

如何得到自己的ISME職場優勢測驗結果？

1. 進入https://betweengos.com/isme/book 頁面或直接掃QRCode，兌換讀者專屬測驗代碼。

2. 接收e-mail取得「測驗代碼」和「測驗連結」後，開始做測驗。

3. 做完測驗後，在網頁上可直接獲得測驗結果。
（線上測驗相關問題，客服信箱cs@betweengos.com）

測驗前需注意幾項提醒：

• 務必留一段不被打擾的時間和空間，專注填答。

• 請憑直覺回答，作題時間大約5～10分鐘。

• 這測驗要幫助你找到你的潛能，憑直覺答題可測出「真實的你」怎麼想，而非「理想的自己」怎麼想。直覺能帶我們找到最貼近自己的答案。

• 測驗結果沒有對錯、沒有好壞，每個人都有自己獨特的樣貌，不需要和人比較。

ISME職場優勢測驗，
發現你的隱藏優勢

　　「ISME職場優勢測驗」的ISME，分別代表Impactful（有影響力的）、Secured（有安全感的）、Meaningful（有意義感的）、Established（有成就感的）這四個英文單字的縮寫。這四個感受需求，是人們在職場（甚至人生）的重要動力來源。

　　ISME四大職場動力來源都是我們所需要的，但是由於每個人的性格特質與傾向都不一樣，因此這四大動力來源每個人所重視的部分也會不同。

　　透過「ISME職場優勢測驗」結果，可以看出你重視的動力來源是否有被滿足。有滿足的部分，有沒有更多可以發揮的空間？沒有滿足的部分，可以如何改善呢？

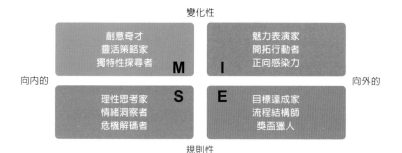

影響力（Impactful）

在工作中感受到自己的行為、決策和努力，對公司、同事、使用者或更大的社會有正面影響。影響力不僅指個人的成就，還包括對團隊和組織目標的貢獻。

與職場動力的關係：重視影響力的人，通常在擁有高度自主性和發揮舞台時會更有動力。因為他們對自我表現、變革推動和能量傳遞的需求，將影響力視為工作的重要動力來源。他們從影響他人和環境的過程中，找到自身的價值和成就感，這使得他們在工作中更加投入和有動力。這種「帶來改變」的感覺激勵他們投入更多精力和熱情。反之，如果感到影響力受限，也比較容易失去動力。

安全感（Secured）

在職場中感受到安全、穩定、被支持，會更能發揮自己的長才。這包括對工作的保障感、有清晰的職涯發展路徑、收入的穩定性，以及對組織的信任等。

與職場動力的關係：重視安全感的人，通常在獲得足夠的支持和信任後，會更有動力。因為他們在穩定、可預測和有歸屬感的環境中，能夠讓他們專注於發揮自己的特長，無論是分析問題、處理危機，還是洞察和支持他人的情感需求，這都使得他們在工作中更加安心和有動力。這種「安心」的感覺能促進他們更加投入工作，提升生產力

和創造力。反之，如果在充滿不確定性、不被支持的環境下，會讓他們失去前進的動力。

意義感（Meaningful）

在工作中透過實現意義，找到深層的滿足感。這種意義感可能來自於工作的本身、工作的目標或是工作的結果對他人的正面影響。

與職場動力的關係：重視意義感的人，通常對於了解並實現理想，更能產生動力，這包含願景、價值觀、做決策背後的為什麼。因為他們對創新、靈活性和獨特性的需求和欣賞，讓意義感成為了他們工作的核心動力，激勵他們不斷追求卓越。這種「實現理想」的感覺可以讓他們感到自我價值的提升，並且更願意在面對挑戰時保持堅持和熱情。反之，缺乏挖掘意義、理念認同的工作，會讓他們慢慢失去動力。

成就感（Established）

透過在工作中達成目標、取得成功而獲得滿足感。成就感來自於認可和獎勵，這可以是來自於內在的（自我認可）或外在的（他人的肯定）。

與職場動力的關係：重視成就感的人，通常在目標明確且充滿挑戰的狀態下，更能引發他們的動力。因為他們

對成功、效率和卓越的渴望，將成就感視為工作的重要動力來源。成就感不僅僅是對他們工作的認可，更是他們內在動力和自我價值的體現，推動他們實現更高的目標和更大的成功。這種「達成里程碑」的感覺，能激發他們在工作中不斷超越自我、取得成功。反之，目標不明確、不積極的環境下，容易讓他們失去動力。

12 種職場優勢解析

　　在四個重要職場動力驅使下，又分為 12 種職場優勢。每一個不同的職場優勢，都有各自的特色與優勢，分別能在工作上帶來獨特的貢獻與價值。

ISME 職場優勢測驗：12種職場優勢角色

1	創意奇才	7	魅力表演家
2	靈活策略家	8	開拓行動者
3	獨特性探尋者	9	正向感染力
4	理性思考家	10	目標達成家
5	情緒洞察者	11	流程結構師
6	危機解碼者	12	獎盃獵人

下面就為大家個別解析每一個職場優勢角色，記得做完測驗後，好好閱讀並思考與自己的相關性喔！

重要提醒：解析中的「在工作中的發揮」，舉了一些職位或工作內容，能讓你更好的想像具有這個潛能特質的人，以及可能擔任的具體角色為何。請記住，工具是用來認識自己，不是用來局限自己的，所以不要被描述中的職位限制了。試著想想，「這個角色，如果用在我的產業、工作（或我的目標）中可能展開什麼樣的新機會？」

例如：假設我得到的結果是「創意奇才」，描述中說我適合當創作者、藝術工作者，但我現在的工作是行政，難道我就要轉到藝術領域嗎？當然，如果這是你的目標，鼓勵你試試看，但更鼓勵你思考「在我目前行政的工作中，有沒有可以運用創意更快解決問題的地方？」或是如果你決定轉職，可以思考「我的下一份工作可以如何結合現在的專長，前進到一個更鼓勵創新、探索的環境？」

試著用更開放的心態看待這個測驗結果，想想各種可能性，也可以找朋友一起討論，相信這樣的探索，對你的幫助會更大。

1. 創意奇才

#打破框架　#新點子　#自由不羈

傾向打破傳統的框架和限制，不拘束於現有的規則和慣例，勇於探索和尋求全新的創意。他們喜歡思考、創造，並能夠提出獨特且令人驚豔的構想。喜歡從零到一創造的過程，不喜歡循規蹈矩、一成不變。他們的不按牌理出牌，時常能為團隊帶來新的靈感與觀點。透過自己的見解、作品、專案傳遞重要訊息，實現理念，能為自己帶來充沛的能量。

在工作中的發揮	喜歡從零開始、變化性高的工作，例如：創意、企畫、創作者、藝術工作等。
團隊合作	適合扮演提供新點子、產製作品、打造新產品的角色。
適合的環境	鼓勵創新、開放、多元探索的環境。
發展優勢的小提醒	找到施力點，留意累積的重要性。

2. 靈活策略家

#彈性靈活　#看見不同可能性　#找捷徑

喜歡探索不同的可能性和方案，對於解決問題和達成目標有著開放的思維，擅於找尋捷徑和高效的方法。他們腦中永遠在思考下一步，而通往成功的未來，不只一條路徑，因此也隨時為變化做好準備。這種靈活性和準備性，有助於個人和團隊在不斷變化的環境中一直保持彈性。從現況中找到新解法或最佳路徑時，會帶來滿足感。

在工作中的發揮	透過不斷調整策略、規畫路徑，進而靠近目標，例如：幕僚、專案管理、各類型顧問等。
團隊合作	適合扮演策略規畫、專案統籌、溝通協調的角色。
適合的環境	給予彈性、調整空間的環境。
發展優勢的小提醒	聚焦目標，安排優先順序。

3. 獨特性探尋者

#喜歡觀察　#注重差異性　#客製化

喜歡觀察周圍的人事物,他們對於不同人的特色和獨特性,都感到好奇並願意深入了解,透過了解周遭環境,讓自己更知道如何與之互動。這種性格的人不喜歡一視同仁,喜歡量身定制解決方案,相信多元使世界更好,也因此容易成為身邊人的伯樂,幫助他人發揮最大的潛力。找到人事物的獨特性,使其變好的過程,是充滿樂趣與成就感的。

在工作中的發揮	透過鼓勵他人發揮長才,獲得滿足感,例如:教育工作、教練、人資、造型師等。
團隊合作	適合扮演支持、教學、助人的角色。
適合的環境	重視每個人獨特性的環境。
發展優勢的小提醒	留意系統性與目標。

4. 理性思考家

#好奇心　#追根究底　#批判思維

充滿好奇心，喜歡不斷探索和發現新知識及新事物，並不斷追問
「為什麼」。他們不輕信一切，喜歡挑戰現有的想法和觀點，追
求深入了解事物的本質，並善於對複雜的問題進行深入的探討和
推理。他們喜歡不斷地增加自己的知識庫，以便更好地應對各種
挑戰和情況。他們對於知識的追求，使他們在職業生涯中持續成
長和進步，也是獲得滿足的來源。

在工作中的發揮	透過研究、分析、調查，帶來深度觀點及產出，例如：各產業分析師、研究員、顧問等。
團隊合作	適合扮演分析、研究、挑戰觀點、策略產出的角色。
適合的環境	重視邏輯、自我學習成長的環境。
發展優勢的小提醒	設定決策標準。

5. 情緒洞察者

#同理心　#洞察力敏銳　#注重團體和諧性

擁有豐富的同理心，善於站在別人的角度思考，並願意傾聽他人的故事和感受。他們的觀察力非常敏銳，能細心觀察他人的行為和情緒變化，從中洞察更深層的感受和需求。這種性格的人關注團體的和諧性，善於維持團體的穩定和融洽，並能夠在團隊中發揮協調和凝聚的作用。能夠理解自己並支持自己的夥伴一起往目標邁進，是工作中很重要的動力來源。

在工作中的發揮	深入挖掘、認識、滿足人性需求，例如：訪談者、客戶服務、使用者體驗設計、合作洽談等。
團隊合作	適合扮演理解、溝通、維持團隊穩定的角色。
適合的環境	彼此理解、互相尊重的環境。
發展優勢的小提醒	識別自己的需求、勇敢表達。

6. 危機解碼者

#辨識風險　#解決問題　#預防勝於治療

會仔細評估各種情況和選項，以確保做出的決定是最安全可行的。他們具有敏銳的洞察力，能快速辨識可能出現的困難和危機。也會針對潛在的風險進行分析，並採取預防措施，以避免問題的發生。在解決困難和克服挑戰時會感到極大的成就感。他們喜歡挑戰自己，並尋找解決問題的機會，這種成就感驅使他們持續追求更高的目標。

在工作中的發揮	預先思考風險、排除問題，例如：風險管理、品質控管、制定規範等。
團隊合作	適合扮演風險評估、解決問題的角色。
適合的環境	腳踏實地、務實、當責的環境。
發展優勢的小提醒	設定停損點。

7. 魅力表演家

#舞台　#說故事　#展現自己

善於說故事、交朋友，有他們在的地方絕無冷場，能夠輕鬆地掌握各種類型的場合氛圍，並將自己的獨特魅力展現出來。他們喜歡在舞台上表現自己的才華，並享受成為焦點的感覺。即時應變、能量飽滿，享受表演的每一刻，觀眾或團隊也時常因此受到鼓舞。擁有舞台、展現自己、為人發聲都是他們獲得成就感的來源。

在工作中的發揮	傳遞重要訊息的角色，例如：演說者、破冰者、主持人等。
團隊合作	適合扮演爭取資源、說服他人、對外溝通的角色。
適合的環境	給予舞台、可發揮空間的環境。
發展優勢的小提醒	留意他人需求。

8. 開拓行動者

#開啟新專案　#坐而言不如起而行　#冒險

相信坐而言不如起而行，對於新事物感到興奮。他們認為行動是實現目標的關鍵，喜歡把想法變成行動計畫，並開始投入實際的執行。他們敢於冒險，並主動帶領他人一同踏上嶄新的旅程。比起維持穩定的狀態，他們更喜歡積極改變、快速推動、看見成長，這種特質常讓他們在職場中成為成功的推動者。

在工作中的發揮	讓改變發生的推動者，例如：專案負責人、產品開發、市場測試、革新者等。
團隊合作	適合扮演專案發起人、推動改變的角色。
適合的環境	敏捷、鼓勵試錯的環境。
發展優勢的小提醒	堅持。

9. 正向感染力

＃樂觀開朗　＃心胸開放　＃串連人脈

擁有樂觀開朗的個性，散發正向能量，常為周遭帶來輕鬆愉悅的氣氛。他們傾向看見人事物中良善的那一面，所以廣結善緣，被朋友圍繞。因為天性樂觀，也更容易看見新的機會，並用開放的心態去嘗試。他們樂於與不同的人交流，也樂於看見朋友圈互相串聯，創造正向循環。讓身邊的人感到舒服自在，也是他們感到滿足的來源。

在工作中的發揮	需要與人溝通協作、帶來充沛能量，例如：社群經營、顧客關係維護、活動策畫等。
團隊合作	適合扮演人際串聯、溝通橋梁的角色。
適合的環境	充滿善意、鼓勵交流的環境。
發展優勢的小提醒	規畫與策略思考。

10. 目標達成家

#目標導向　#擅長優先排序　#堅持不懈

喜歡設定明確的目標，並努力不懈地朝著這些目標前進。他們勤奮工作，喜歡列待辦清單，也能夠快速辨別哪些任務是最緊迫和最具價值的。人生如果太輕鬆，就浪費了，所以他們願意投入大量的時間和精力，確保重要的目標都實現。相信一步一腳印，也享受完成任務之後、在清單上打勾的踏實和滿足感。

在工作中的發揮	需要專注目標的高效產出者，例如：專案管理、工程師、銷售業務等。
團隊合作	目標明確、職責清楚的環境。
適合的環境	充滿善意、鼓勵交流的環境。
發展優勢的小提醒	保有彈性。

11. 流程結構師

#擅長找規則　#穩定　#明確流程

喜歡研究和設計流程，他們對於事物之間的順序、步驟和運作方式感興趣，也享受找到規律帶來的滿足感。他們能夠從複雜的情況中找出重要的規則，並在設計流程時會考慮到各種情況，以確保流程的穩固性和可持續性。固定的節奏和規律，讓他們在工作時感到安全，也為團隊帶來穩定和效率。

在工作中的發揮	透過依循規則，來放大效益的角色，例如：營運、流程設計、穩定產出等。
團隊合作	扮演搭建架構、穩定成長的角色。
適合的環境	重視規則與公平的環境。
發展優勢的小提醒	定義問題、留意應用性。

12. 獎盃獵人

＃享受競爭　＃挑戰　＃好勝

熱愛競賽，並在競爭中找到激發自己潛力的樂趣。透過參加各種比賽、挑戰和活動，讓他們能夠不斷挑戰自我並不斷進步。碰到越強的對手，越能激發自己的動力，這種刺激是提升自己最有效的方法。他們會不遺餘力地追求獲勝，並能激勵他人一同追求卓越。贏得勝利的那一刻，就是人生最值得慶祝的時刻。

在工作中的發揮	享受高度競爭、爭取勝利，例如：運動選手、銷售業務、辯護訴訟等。
團隊合作	適合扮演遊說、爭取勝利的角色。
適合的環境	活躍、充滿競賽感的環境。
發展優勢的小提醒	關注成長。

看完你的隱藏優勢解析之後，有什麼新發現嗎？

請把解析中讓你很有共鳴的關鍵字記錄下來。這些發現非常重要！

透過書寫問答，具體化你的天賦線索

我自己做完測驗後，得到的最能代表我的職場優勢角色是「創意奇才」，其中我最有共鳴的關鍵字是：打破框架、令人驚豔的構想、自由揮灑。

這些元素不管在學生時代、職涯初期、接案期或是現在的創業期，都深刻牽動我的感受和動力來源。我發現只要給我一張空白的畫布、一首全新的曲目，我就能開始創作，而且每一次的靈感浮現和完成嶄新作品時，都是我感覺最具生命力的時刻，比方在我編舞、做品牌企畫、設計新課程，甚至創作這本書時。這些場景可以很不同，但共通點是，當我在發揮我「創意奇才」的天賦時，這讓我感覺很舒服、很自由。

你呢？請給自己一點時間，回答以下問題，根據直覺把腦裡的想法都寫下來吧。（強烈建議不要跳過，至少給自己五分鐘來沉澱書寫，相信你會很有收穫的！）

- 描述中的哪些關鍵字讓你很有共鳴？
- 這些關鍵字如何影響你的感受？
- 如何影響你做判斷？
- 如何影響你的工作動力？
- 在做哪些事情的時候，你感覺到這個天賦在發揮？甚至是在幫助你？

　　現在，你應該已從測驗中找到一些認識自己的具體線索了，但是千萬別停在這裡！請帶著這些線索，驗證自己是不是擁有這樣的天賦？問問自己喜歡這樣的自己嗎？這些天賦可以如何幫助你達成目標，前往下一個里程碑？你的下一個突破可能就從這裡開始。

找到隱藏優勢後，如何應用？

下面的故事能使你更了解如何應用天賦，以及如何幫助自己做選擇。馬上來看看吧！

【應用①】

有點迷路？
找到「由內而外」的目標，重拾力量

職涯的各個階段，都可能遇到挑戰與難關，不分男女、不分年齡、不分種族、不分地理位置……如我常說的，職涯（和生涯）是動態的，有時上坡、有時下坡、有時停滯、有時想自己走、有時需要夥伴一起走……在不同的階段，我們會遇到不同的問題與挑戰，沒有人永遠順遂，也沒有人永遠卡關。重要的是，在感到迷惘、不確定、挫折的時候，能給予自己足夠的支持和力量度過這個考驗，然後看見下一段美麗的風景。

依眾多前人的經驗來看，這個有點迷路的時期，其實正好是做出改變的最好時機。一起來看看這些真實故事的主角（基於保護個資，所有案例故事都已經適度改寫過），如何由內掌握「優勢思維」，以及如何從價值觀、

職能、天賦三大工具找到優勢潛能，邁出自己的下一步，發展出新的出路。

....

案例 目前工作失去動力，如何找到轉職目標？

....

Chris，29 歲，行銷人員

ISME 職場隱藏優勢

獨特性探尋者＋正向感染力

「優勢思維帶我成功轉職到更適合自己的地方，工作中不
喜歡的事情變少了。」

　　Chris 從事服務業、網路業行銷，正思考是否轉職。
他來找我諮詢時，分享自己當下的狀態是：「不討厭現在
的工作，但越來越沒動力，總覺得少了點什麼。快 30 歲
了，希望可以找到更能發揮的地方。」

　　目前的行銷工作，Chris 的表現並不差，特別是在跨
部門溝通、與人討論協作時，總能帶動且很有效率的討
論，但在做需要發揮創意的行銷工作時，總覺得卡卡的。
加上現有的工作內容，與人討論協作的占比較低，反而更
需要他做創意發想和策略執行，面對這些需要獨立完成的
工作，讓他越來越沒動力，所以考慮換個職涯跑道。

　　Chris 在探索的過程中，有時會下定決心直接換跑

道，但心裡又會有其他聲音：

「如果要換職涯跑道，該換到哪裡去呢？」

「這麼多不同的工作，到底哪個才適合我？快 30 歲了，很怕做錯選擇……」

「如果我換了領域，過去的累積是不是就浪費了……」

教練提示

職涯選擇一直都是人生中的大事，所以當需要做決策時，總有很多顧慮、擔心、懷疑，這些都很正常。這時候，很重要的是相信自己的直覺。如果覺得有所顧慮，那這裡一定有需要探討、深思的地方，千萬不要急著倉促下決定。

Chris 坦白他的顧慮，於是我們一起往回探索，梳理了這些他喜歡的與不喜歡的、擅長與不擅長的，再試著從過去工作經驗中，回想最有成就感的時刻。他說：「在服務業那段工作期間，團隊夥伴關係很緊密，很喜歡那種大家為了共同目標一起努力的感覺。最滿足的時刻，就是帶領團隊一起達成目標的時候！過程中能協助大家解決問題、找到每個人的特長，並看到大家各自發揮成長，是我最有成就感的時候！」

客觀觀察 Chris，的確是擁有擅長洞察人心、溝通表達並能帶動正向討論氣氛的特質，很符合他注重「人」的元素。然而對照當下的工作（網路業行銷），更多的是制定行銷策略、創意發想等獨立工作的內容，少了他重視的「人」的元素。而且從他分享的過往成就感來源，有個重要的發現，雖然「帶領團隊達成目標」是他的成就感來源，但比起達成目標這個「結果」，他更重視「過程」中讓團隊能各司其職、教學相長！

整理一下，Chris 對下一份工作的期待包含：

①希望下份工作「人」的元素可以提高。

②希望下份工作可以幫助識別團隊成員各自獨特的能力，並讓大家有所成長。

③過去累積的能力是行銷，如果可以整合用上的話就太好了！

從行銷到獵頭：我想成為點亮別人的人

綜合以上整理，思索 Chris 職涯的下一步，他對人資或獵頭的工作很感興趣，希望能幫助組織招募更適合的人力，也讓人員可以在組織內有更好的發展。於是他開始依照「人資／獵頭」這個職涯目標來修改履歷，並更新了自己的領英（LinkedIn 商務社群網）履歷，沒想到過沒多久，就有一間獵頭公司主動找他面試，而他也成功取得了工作機會，還談到比原本工作更好的薪水！

成功轉換工作三個月後，和他再聊起近況時，他說：「新工作有好多可以學習的地方，這讓我很開心，但最開心的是，工作中不喜歡的事情變少了，可以更專注在自己喜歡的事情上，感覺很好。」

「成功轉職後，工作中不喜歡的事情變少」是一件聽起來很棒的事，對吧？當我們有意識地梳理自己，了解自己真正喜歡和不喜歡的／擅長和不擅長的，就有機會慢慢往喜歡的方向靠近，讓不喜歡的元素降低。而這也是 Chris 從優勢思維中感受到的正向改變。

案例 想嘗試新機會，一定要換工作嗎？

Sara，33 歲，工業設計師

ISME 職場隱藏優勢
理性思考家 ＋ 情緒洞察者

「整合現有職能和天賦，找到更適合的下一步方向。」

Sara 是一名工業設計師，和她聊天時，她分享當下的狀態是「做工業設計 10 年了，其實做得還不錯，但總是在思考還有什麼其他可能性。」

在探索天賦過程中，發現她對於「找到人事物間的關聯」很有興趣，不管是認識新朋友時、問題發生時、學習新方法時，她都會第一時間挖掘當中的脈絡與關聯性，若能找到其中的因果關係，就會感到身心舒暢！

從設計師到 PM：我想串連脈絡並促成各種可能性

我們把這個發現拉回到工作場景：發現 Sara 在工作中也特別享受設計流程中的前半段：理解使用者的需求，串連需求和設計方案，找到因果關係和最佳設計方法時，會特別有成就感！而比照現今的狀態，Sara 花最多時間在「設計」上，比較沒有機會串連脈絡和統整大方向的元素。在和同公司的 PM 聊過後，發現 PM 的工作內容：規畫整體產品功能、統籌團隊資源、串連需求與解法、和客戶溝通……深深吸引著她，是她有興趣發展的方向！

一起討論後，Sara 決定帶著她現有的技能（工業設計）在公司內部爭取專案管理的角色，有工業設計的背景和知識可以讓她在工時的估算、方案的可行性上提出更專業的見解，同時也搭配上她的天賦和興趣，相信會有更好的發揮。

半年後再次關心了她的近況，她說：「後來成功在公司內部調轉職位，從設計師轉成專職 PM（專案管理），做起來滿得心應手的！接下來也會開始累積更多關於 PM 的能力，挑戰更大的案子！」

L，32 歲，自媒體工作者

ISME 職場隱藏優勢
魅力表演家＋獎盃獵人

「專心衝刺自己的節目，把我的節目做起來，讓它變成我的代表作！」

　　成為自由工作者，對許多人來說是一個理想的職涯目標。期許自己在職場上累積的硬實力成熟後，能靠著一技之長接案，就可以擁有更彈性的上下班時間，也不用受地點限制，更不用被煩人的老闆盯著了。聽起來超完美！

　　的確，自由工作者有他自由的地方，但也有他的煩惱與迷惘。我身邊就有不少自由工作者和創業者，彼此時常交流、勉勵。那天，我收到一位創作者朋友的私訊，問我：「有空聊聊嗎？我覺得最近的我卡住了。」於是我們約在一家咖啡廳，開始了這段對話。

　　她：「我覺得最近在各方面都有一些發展瓶頸，尤其是我難以想像自己未來二到三年的目標，常常因為沒有清晰的目標而陷入焦慮。」

　　我：「但我看你最近有很多好的發展欸，像是自己的節目收視、自媒體經營、主持、業配合作……都有很不錯

的成績呀！」（沒錯，這位朋友也是一位多才多藝的斜槓人士。）

她：「但有些做起來越來越提不起勁⋯⋯」

我：「像是哪些呢？」

她：「像是一些活動主持。」

我：「是所有的活動主持嗎？」

她：「嗯⋯⋯好像不是，有些深度對談類型的就很有趣，但是單純主持商業活動，就讓我越來越感到無聊⋯⋯」

我：「所以對你來說，知識含量高一些、對談成分也高一些的主持，會讓你感覺比較有能量，但是單純只是照著程序走的主持，會讓你失去能量，是嗎？」

她：「好像是欸！」

我：「那你覺得這和你最近卡住的感覺有關係嗎？」

她：「好像有一點關係，但更深入一點的焦慮好像來自於我不知道怎麼介紹自己。我做的事情太多了，不像以前還在公司工作時，遞出名片就可以讓別人清楚定義。現在覺得自己的定位很不清楚，也不太踏實。」

我：「喔～ 那主持人或創作者呢？不算嗎？」

她：「啊！我知道了！我覺得這樣介紹自己不夠厲害，所以一直覺得虛虛的⋯⋯」

我：「那你覺得達成什麼目標叫作厲害？」

她：「嗯⋯⋯可能是有一個說出來大家都認識的代表作。」

我：「那你覺得接下來可以做些什麼改變或調整嗎？」

她：「我以後可能要降低商業主持工作的比例了。其實我想這麼做好一陣子了，但因為這塊的收入滿穩定的，總是讓我下不了決心。但盤點之後，我覺得應該要把更多重心放在自己的節目經營上，這會讓我更能掌控，也更有動力！我接下來的目標就是專心衝刺自己的節目，把我的節目做起來，讓它變成我的代表作！」

找到心裡那個重要獎盃，自然會由內而外生出動力

聊到這裡，她已經有答案，甚至還有了行動方案。她所重視的價值觀和動力來源是影響力，所以當自己無法好好彰顯影響力時就會感到焦慮。

她的天賦角色是「魅力表演家＋獎盃獵人」，天生會去追求超凡的成績，所以一旦感覺平庸就會很不舒服。這種特質的人，設定目標必須從「心裡真正重視的事情」開始探尋，只要找到心裡那個重要的獎盃，動力自然從內而外萌生化為前進的動能。很開心那個下午可以陪伴她找到內心的那個獎盃。

找到內心想追尋的獎盃，然後想想自己的時間分配，有沒有可能少做（甚至不做）不喜歡的任務，留下自己真正重視的任務，將專注力留給對你來說更重要的事。目標和動力都將以更踏實的姿態出現，陪伴你開啟下一段屬於你的旅程。

【應用②】

想突破現況、展開斜槓？
打算做點別的，就讓優勢為你指路

在寫書的過程中，為了知道大家的真實需求，我在個人社群上發問：「大家對於優勢思維的哪一塊應用最感興趣？」結果第一名就是斜槓／副業，占了四個選項中的38%！

不管是基於想突破薪資天花板，或是想要更多自我實現、更多新嘗試，在正職之外，多做點什麼，是越來越多人的想望。

如果你也想探尋新的可能性，身為累積十年經驗的資深斜槓人士應該很有資格作為引路人吧！

在說故事之前，有兩個迷思想先和你一起打破，幫助你建立更好的基礎。

迷思①：我需要準備好了再開始？

No！你需要的其實是先開始。我們沒有準備好了的那一天，只有開始才會讓我們變厲害！

優勢思維想要傳達的，並不是盲目的自信，也不是盲目的行動，而是在做了前面的梳理，更清楚自己的優勢之後，透過鍛鍊在過程中慢慢調整方向，讓自己越來越靠近成功（這個成功沒有一定的樣貌，你可以有你的定義）。

迷思②：我需要從零開始創造新的身分？

No! 斜槓、副業不是從零開始，是從你現在擁有的優勢（包含價值觀、職能、天賦）延伸而來。比如我擅長跳舞、教學、表演⋯⋯所以延伸了舞蹈老師、演員、講師等身分。這些身分並不是有一天突然出現，而是我累積、延伸來的。

什麼樣的人適合斜槓？

其實我覺得每個人都適合！

在我的斜槓旅途上，我覺得最棒的地方就是——我不用把雞蛋放在同一個籃子裡，而且在某一個地方受挫時，會有另一個地方接住自己。斜槓的生活方式會讓你活得更精采豐富，也讓你獲得多元的成就感。

怎麼開始第一步？

很多人想開啟新的機會，但遲遲無法開始，是因為不知道可以做什麼。但你知道嗎？你的選擇也藏在你的優勢（價值觀、職能、天賦）中。

價值觀：你相信什麼？有什麼價值觀深深影響你，是你也想傳遞給他人的？

職能：別人願意付錢買你的什麼能力？可以如何把你

的能力變成產品或服務？

　　天賦：你與生俱來的特質有哪些？這些特質如何讓你變得更獨特？

教練提示

最直接的，就是依職能開始斜槓／副業。例如：

- 我會插畫，我可以開始接設計案，也可以開始設計自己的文創小物或繪本。
- 我會寫文案，我可以開始接案寫文章，也可以開始經營自己的部落格。
- 我會塔羅，我可以接一對一，也可以開啓自己的塔羅 YT 頻道。

目前並沒有可以拿來直接對價的技能，那有機會開始斜槓嗎？

當然有！現在開始培養也不遲呀！

我有個朋友 30 歲才接觸插花，後來成為斜槓花藝師；另一位朋友近 40 歲開始學習整理收納，後來成為斜槓整理師；也有學員 50 多歲開始接受蓋洛普優勢認證教練培訓，後來成為斜槓職涯教練。只要有興趣，就去了解看看吧，當作多拓展一項技能，會有什麼壞處呢？

除了憑職能開拓斜槓身分外，價值觀和天賦也很重要。價值觀可以協助我們確認這個方向是否符合內在動力，而天賦可以為我們創造獨一無二的樣貌！個人認為，天賦是最值得花心思覺察的，因為它是一個為自己創造獨特性的最佳工具！高價值必須同時符合「市場性」和「稀少性」，因此天賦不但使我們獨特，同時也提高我們的價值。

現在開始學著正確使用天賦，協助自己選擇賽道、打造獨特性，提高成功率吧！

案例 天賦加成下，為自己拓展斜槓新機會

Irene，30 歲，產品經理

ISME 職場隱藏優勢
情緒洞察者＋正向感染力

「我喜歡讓現場所有人都感到被照顧。」

Irene 擔任科技業 PM，因為工作壓力讓她疲乏，於是下班後開始練瑜伽，沒想到越練越有興趣，不僅從中獲得能量，還想將這股能量傳遞給更多人，所以打算考取師資證照。原本只是純粹發展興趣，卻在考取證照後，透過老師的鼓勵和同學們的介紹，開啓了代課機會，就此展開下班後的斜槓身分。她準備花更多時間持續發展這項副業，期待瑜伽老師這個新身分能帶自己看見更寬廣的世界。

我問她：「考取證照的人那麼多，為什麼你可以獲得教瑜伽的機會？」

她想了想回答：「應該是因為我積極展現興趣，下課會留下來問老師問題，老師也有觀察到我的特質：像是表達流暢、習慣照顧大家……我總希望上課時每個人都被照

CHAPTER 3 職場優勢解析與應用

案例 天賦加成下，為自己拓展斜槓新機會

Irene，30 歲，產品經理

ISME 職場隱藏優勢

情緒洞察者＋正向感染力

「我喜歡讓現場所有人都感到被照顧。」

Irene 擔任科技業 PM，因為工作壓力讓她疲乏，於是下班後開始練瑜伽，沒想到越練越有興趣，不僅從中獲得能量，還想將這股能量傳遞給更多人，所以打算考取師資證照。原本只是純粹發展興趣，卻在考取證照後，透過老師的鼓勵和同學們的介紹，開啓了代課機會，就此展開下班後的斜槓身分。她準備花更多時間持續發展這項副業，期待瑜伽老師這個新身分能帶自己看見更寬廣的世界。

我問她：「考取證照的人那麼多，為什麼你可以獲得教瑜伽的機會？」

她想了想回答：「應該是因為我積極展現興趣，下課會留下來問老師問題，老師也有觀察到我的特質：像是表達流暢、習慣照顧大家……我總希望上課時每個人都被照

顧到，這對教學情境很有幫助，所以老師才鼓勵我往教學發展，同學們可能也感受到我的特質，所以一看到代課機會都會主動傳給我，我很感恩！」

找核心能力的延伸出路，把專業拓展得更寬廣

Irene善用她的「溝通」職能，和「情緒洞察者＋正向感染力」天賦。不管是她的正職PM或斜槓瑜伽老師，都需要大量溝通和創造正向的環境，儘管溝通的對象、內容和方式不同，但溝通這項能力是可以延伸、變形且萬用的。

從Irene的故事，也可以看到幾個重點：

① 當我們做的事符合天賦和特質時，會因為充滿熱情且做得好，收獲成就感，身邊的人自然會看到、給予正面鼓勵，帶來正向循環。
② 當我們的目標夠明確就要讓身邊的人知道，他們才會自發性幫助你，為你帶來意想不到的機會。

如果你也想嘗試斜槓、副業，立即起身試試吧！記得把你的天賦帶上，它們會幫助你抓住機會！

案例 管理盲點，打造個人商業模式

Yen，42 歲，平面設計師

ISME 職場隱藏優勢

創意奇才＋獨特性探尋者

「將客製服務標準化、模組化，建立保留彈性卻更有制度的商業模式。」

　　Yen 是一位設計師，在正職之外，希望可以透過設計專長，延伸接不同類型的案子或是經營副業。但是他在接案的過程並不順利，很難和客戶介紹自己的服務、也不確定經營哪個類型的副業比較適合。對他來說，目前遇到的挑戰是找到一個適合自己的「商業模式」，實際把技能變現。

　　過去 Yen 在設計崗位上，充分發揮自己的天賦。創意奇才的天賦幫他做出創新的設計，獨特性探尋者的天賦幫他處理多元的客戶案件，但是在發展自己的商業模式時，卻不知怎麼的老是卡住。

　　我問他：「如果用一句話描述現在遇到的問題，那會是什麼？」

　　Yen：「可以做的事太多，不知道哪個更適合自己？」

我：「那我們一起盤點一下吧，你心裡目前有哪些選項呢？」

Yen：「我可以接案，但不確定要接哪類型的案子，Logo 設計、展場設計、包裝設計都行；我也可以設計自己的商品，放到電商平台上面販售，但還沒開始研究平台、物流、金流那些；我也對開咖啡廳感興趣，覺得有個自己設計的空間很棒！」

我：「Ok，所以有設計接案、文創商品、開咖啡廳，三個選項，還有嗎？」

Yen：「啊！我也可以經營自己的自媒體，將來可能會有業配收入……」

我：「好，所以再整理一下，有接案、文創商品、開咖啡廳、經營自媒體四個選項，對嗎？」

Yen：「對！」

我：「那現在的你，覺得哪個是你最想做的？哪個是評估起來最可能先發生的？」

Yen 想了一下：「我最想做的……應該是咖啡廳。擁有一個我喜歡的空間，還可以吸引到跟我一樣品味的人前來，我覺得很棒！至於評估起來最可能先發生的……應該是接案吧，畢竟這是我目前最擅長且已經在做的事。」

我：「那目前的你，想優先做哪件事呢？」

Yen 停頓一會兒：「應該是接案，因為我想讓收入盡快穩定下來。咖啡廳比較像是夢想，它可能需要資金和夥

伴，但接案是我現在就可以開始賺錢的事。先把接案穩定下來，目前來說這似乎是比較重要的事！」

　　聊到這裡，Yen 收斂了一下目標，於是我們才得以更聚焦地討論實際作法。

　　我：「好欸！那目前接案有遇到什麼挑戰嗎？」

　　Yen：「因為我什麼類型的案子都可以接，所以有時候客戶在第一時間會比較難了解我的服務項目，在報價上，我也會花很多時間了解需求，再出報價單，然後很有可能在這個過程中，客戶就已經選了別人……總之，目前的狀況有點沒效率……」

　　我：「你有想過標準化你的服務嗎？」

　　Yen：「好像有聽別人說過標準化的概念，但套用到設計產業，真的很困難，因為每個人的需求都不一樣，每個案子都很客製化……」

服務標準化、模組化，提高溝通效率

　　回到 Yen 的天賦，他非常善於突破框架、開展機會、客製化地符合不同客戶的需求，所以「制定規則」往往不是他第一直覺會考慮的事。這時候就需要「管理盲點」。

　　Yen 遇到的問題，其實是——太過注重個人化，無法建立有效率的商業模式。所以諮詢的後半段，我們開始聚焦討論如何把他的服務標準化、模組化。把一些服務訂為

基本方案，再將客製化的服務變成加價購的模組，既保留彈性也更有制度。同時服務方案也要在一開始就和客戶講解清楚，這樣雙方的溝通不僅更有效率，也比較不會產生後續的期待落差。

　　工作中或生活上，難免會遇到一些和我們天賦背道而馳的任務，這時候也別害怕，透過覺察和學習，就能管理盲點，幫助自己更有效率地達成目標！

案例 **高階主管卡關時，透過重新定位，突破天花板**

Joey，36 歲，新創公司行銷主管

ISME 職場隱藏優勢

開拓行動者＋目標達成家

「站在制高點來思考事情時，我更知道自己可以在哪裡施力。」

　　突破現況，尋找新機會，不一定只會發生在斜槓、接案等組織外的情境，在組織內部也同樣可以做到突破的！一起來看看 Joey 的故事。

　　Joey 在某新創公司起步的前兩年就加入這間公司，他是行銷部門的一號員工，也是唯一的一個。他很享受草

創期的各種 try and error，步調快速，想到什麼好點子就去試，第一年就成功拿下新的里程碑，工作的每一天都讓他充滿動力。喜歡新挑戰、行動敏捷的他，是位典型的「開拓行動者」。

轉眼過了三年，公司從 10 人一路成長到 60 人，他的部門也多了七位同事。工作內容從每天在外頭衝鋒陷陣，變成了每天在公司裡有開不完的會議。漸漸地在每日的例行會議中，他開始萌生自我懷疑，「現在的我，到底為了什麼而忙？我現在在做的事，有什麼意義？老闆要我做的事，真的是我最該做，而且是我最想做的嗎？」

Joey 想念以前資源少卻可以積極爭取外部資源，用雙手打下江山的感覺。對比現在，一切都步上軌道，也變穩定了，身邊的朋友都恭喜他，終於不用擔心這麼多事，可以稍微喘口氣了，但他內心總感覺哪裡不太對勁。因為這樣，我和他有了機會好好聊聊近況。

他說：「其實最近在公司被指派的任務，都比較是支持其他團隊／專案的例行工作，做起來很沒有成就感……部門的目標也不是很明確，老闆要我做的事，我也不是很認同，有點在煩惱職涯的下一步……」

我問他：「那有想過離開嗎？」

他說：「我不知道，其實這邊有自己打下的戰績，也很有發展前景，但是現在每天的例行工作和會議，真的讓我好疲乏無力……」

現在的他，感覺就像是一隻擅長捕獵的獵豹，被關在柵欄裡，無處施展。

於是我問他：「如果你是老闆，你會希望你這個角色做什麼好？」

聰明如他，認真地沉思了一會兒，用較慢的語速說：「我知道了。我想到我可以做的事了。」

後來，他用三個月開創了一個新專案，為公司拿下800萬業績，也因為成果被看見而加了薪。更重要的是，他重新找到了努力的目標與動力。

結合天賦與職能，重新定位自己

這個目標與動力，來自於他的天賦與職能的結合。他的天賦是敏捷行動、對應目標快速試錯；職能方面則是表達、統籌、爭取資源，所以他需要一個能讓他發揮天生強項的角色。這個「角色」不是職位，而是他對自己的定位。行銷主管的角色定位可以是維持穩定流量及營收、可以是統合內外部資源、也可以是開創新的專案，而這個角色定位，是自己賦予的。有時候，在工作中的卡關，並不需要透過轉職來達成，只需要為自己重新定位即可。

後來有機會問他，這段時間的改變是如何做到的。他說：「當你問我『如果你是老闆，你會做什麼？』那個瞬間，我就知道，我是擁有主動權的，我可以為自己做決定，也可以為我的團隊做決定，這讓我重新獲得力量，那

是當時的我最需要的。站在制高點來思考事情時，我更知道自己可以在哪裡施力。」

用優勢思維來為自己重新定位，你可能也會對同一個情境產生完全不同的觀點，甚至找到嶄新的突破口與發展可能性。

....

案例 **創業七年的瓶頸，用優勢思維找回快樂**

....

Dave，33 歲，創業者

ISME 職場隱藏優勢
理性思考家＋靈活策略家

「其實真正的領導，是領導自己。」

Dave 創業七年了，公司從四人成長到百多人，就在公司逐步實現創業初期規畫的藍圖時，他開始感到迷惘，甚至懷疑自己適不適合當一名領導者。

他說：「過去的我，想到什麼就著手規畫、打造，對我來說，做分析和擘畫未來，是很享受的事。但現在，管理職幾乎占掉我全部的時間，漸漸感到力不從心……」

在和他一起回顧這七年的歷程中，我發現他最有成就感的時刻，是創業初期可以不斷嘗試新作法、看見理念被落實的時刻。而現在，需要不斷優化流程的日常營運，變成他的主要任務，以至於他的「靈活策略家」優勢無法發揮，還曾因為執行力不足而懷疑自己，甚至攬了更多工作以證明自己可以。在重重壓力下，讓他越來越不快樂。

我問他：「如果現在重新安排你的工作，有哪些工作你會想要分出去？」

想了想，他說：「一些重複性高的工作，我應該可以慢慢交給信任的資深夥伴。」

我：「那你自己會想多花時間在什麼事情上呢？」

他：「組更強團隊、描繪願景、規畫下一步策略！」

聊完後，他回去立刻把工作重新分配，也把已經建立起來的流程交給夥伴。之後再看到他時，我問他最近如何？

他說：「快樂很多。」

在需要的時候學會放下，也許會成就更多

理性思考家和靈活策略家的特質，讓 Dave 在做規畫、策略時充滿能量。掌握天賦線索，撥出更多時間讓自己發揮優勢，不僅能讓自己更滿足，對團隊來說也最有效益。適時的放手，把任務交給更適合的夥伴，並不是卸責，而是為了更有效率地達成目標。

最後，他與我分享近期的體悟：「其實真正的領導，是領導自己。」領導自己看見自己的優勢，同時看見自己的不足，因此可以善用自己的優勢，排除盲點，解決難題。同樣的概念拓展到團隊，也能因為看見彼此的不同，透過合作放大團隊的優勢。這是 Dave 身為管理者，在探索優勢思維後的重要體悟。

【應用③】

團隊溝通合作：
組織內部從上到下都要知道的優勢應用

在職場上，無法避免與人協作。但每個人都不同，在溝通協作的過程中，難免出現摩擦：理念不合、做事方式不同、看待事情的角度不同、優先順序不同……在在形成阻礙。

「好想鑽進老闆的腦袋，看看他到底在想什麼！」是很多工作者的心聲。反之亦然，主管也很想知道要如何善用團隊成員，讓成員們團結一心、共同達成目標。

在企業內訓的經驗中，發現天賦也大大的影響我們的溝通風格。如果能透過認識彼此的天賦傾向，就能更了解如何和對方溝通，降低阻力，提升效率。彼此的不同可能造成衝突，但也會完整團隊。

有效溝通能使不同的優勢天賦相乘出驚人的成果

　　每個人都有自己的獨特優勢,「不一樣」反而完整了團隊的多元性。善用團隊每位成員的獨特優勢,是主管的祕密武器。你也可以想想,你的隱藏優勢角色中,是如何影響你的溝通風格?你的主管、老闆、同事、客戶……可能是哪種優勢角色?他和你有哪些相同點?哪些不同點?說不定可以從中找到解開溝通卡關的鑰匙!

危機解碼者×正向感染力

　　「危機解碼者」屬性的人擅長先看見風險與問題,並加以排除;「正向感染力」屬性的人擅長先看見樂觀的可能性,往往在看待新機會時,會抱持不同的觀點。也因為從不同的觀點切入,就可能造成意見上的分歧。

　　如果我們用「優勢思維」的角度來看這個情境,讓兩者發揮各自的優勢,會如何呢?

　　例如讓「正向感染力」夥伴先把看見的樂觀機會都列出來,再請「危機解碼者」夥伴幫忙評估風險,然後讓兩個人一起討論這個機會的可行性,是不是可以把一件事分析得更加完善?

流程結構師×靈活策略家

　　「流程結構師」喜歡按部就班的做事方法,覺得這樣

比較有效率、也比較有安全感；「靈活策略家」喜歡透過不斷調整找到最佳解方，覺得這樣才是有效率、也可以更省力。兩種不同個性的人，目標其實都是想要更有效率，但是採取的行動卻完全不同，這也可能造成討論上的衝突。

　　一樣用「優勢思維」來看這個情境，也許可以讓「流程結構師」特質的夥伴在專案中擔任流程設計與制定的角色，讓「靈活策略家」特質的夥伴擔任協調的角色，兩者相輔相成，就可以兼顧靈活與執行效率了！

開拓行動者 × 理性思考家

　　「開拓行動者」想到什麼就想開始行動，傾向「開始了再說」；「理性思考家」在行動前會想做好妥善的規畫，傾向「想清楚了再做」。兩者對於事前準備要做到什麼程度，可能會有不同的看法，也在做事的節奏上會有落差，就可能造成溝通上的衝突。

　　一樣透過「優勢思維」來看，說不定可以讓「開拓行動者」先負責列出行動方案，「理性思考家」列出市場分析策略，再一起討論出階段性的目標設定，讓整個專案兼具深度分析和敏捷行動！

　　以上舉例是一些可能發生的狀況，不代表擁有這樣特質、天賦傾向的人一定會互斥。這裡的舉例，只是想讓你

更了解天賦傾向與溝通的關係。透過了解自己和對方的天賦,並讓彼此的天賦都得以發揮,不僅能讓溝通、領導變得更加順暢,事情也會推進得更輕鬆愉快。

和主管溝通不順,真的是因為能力不足嗎?

當理性思考家遇上開拓行動者只會出現話不投機半句多的場面嗎?來看看下面例舉的故事:

某天,在一間新創公司的會議上,行銷主管(理性思考家)和他的團隊成員 Elvin(開拓行動者)正在討論下一季的行銷內容規畫。

Elvin 侃侃而談他的行銷規畫:「我想要以短影音為下一季重點,趁著還有一點紅利的時候,在社群媒體拿下更多流量!內容的話,要緊扣流行的話題和趨勢,並找有流量的 KOL 一起合作⋯⋯」

他話還沒講完,主管就打斷他,問到:「所以做這些事,和我們要達成的目標有什麼關係?」

Elvin 停頓了一下,說:「更多的流量就有機會促成更多轉換,而且流量現在很不容易獲取,所以我才想說先以拿到更多流量為主要目標⋯⋯」

主管接著回應:「我理解流量對我們來說非常重要,但我們也需要同時考量品牌觀感、產品定位、目標客群的

需求、質感……單單考慮流量有點危險。你再回去想想，
我們明天再討論吧。」

　　會議結束後，Elvin 有點情緒低落，其實剛剛主管提
到的層面，他也有想過，只是因為沒有好好呈現就被視為
考慮不周，感覺有點委屈。由於這種狀況不只發生一次，
甚至已多到讓 Elvin 懷疑自己，是不是不適合做行銷？是
不是該轉換工作了？

　　像這樣的狀況可能發生在任何公司、任何部門、任何
需要溝通的場景。Elvin 不是不懂行銷，也不是不懂行銷
需要顧及很多層面，但對「開拓行動者」來說，他會優先
思考第一步要做什麼？實際可以開始做的事項有哪些？很
想趕快開始進行。

　　但對他的主管「理性思考家」來說，他會優先思考
背後的邏輯、脈絡，為什麼要這樣做？難道沒有其他作法
了？這樣的作法真的是最好的嗎？他需要對事物有全盤的
了解，也需要知道對方有做過什麼樣的功課，來支持他得
出所想要的結論，這個「思考以及決策的過程」，是非常
優先且重要的。

　　「開拓行動者」和「理性思考家」是他們對事情的第
一個直覺想法（也就是天賦傾向），這個傾向會大大影響
他們優先溝通的事項，而這也往往是職場溝通面臨的重要
挑戰。

如果提前知道彼此的天賦傾向，可以如何幫助提高溝通效率呢？

如果 Elvin 提前知道主管是「理性思考家」，重視縝密的思考及脈絡，下次的內容策略會議，也許可以試著在提出行動方案之前，先把自己腦中的脈絡整理過，讓主管知道自己為什麼會得到目前的結論，也可以事前確認主管需要哪些層面的資訊，讓會議進行得更順利。

反之，如果主管提前知道 Elvin 是「開拓行動者」，重視快速可執行的行動方案，下次的內容策略會議，可能可以提醒 Elvin 先把腦中的資訊做個整理，也可以建議 Elvin 提出二至三種不同的行動方案，讓會議上可以有更多資訊協助自己做判斷和決策，也能讓會議更有效率。

「理性思考家」帶來縝密的思考，幫助團隊看得更全面、更完整。
「開拓行動者」帶來充沛的能量和動力，幫助團隊快速前進。
如果兩者能融洽的合作，聽起來會是一個很棒的團隊，對吧！

每個人都是不同的個體，但也因為如此，這個世界才更豐富精采。不論你處在哪個職場位置，請善用自己和團隊成員的優勢，合作成就更多吧。

1. 結合「天賦」和「角色」概念的獨家ISME職場優勢測驗，更方便你想像你的天賦可以在工作上如何透過角色發揮優勢！

2. 直覺能帶我們找到最貼近自己的天賦。

3. 透過書寫問答具體化你的天賦線索。你所尋求的突破點就在這裡。

4. 職涯的各個階段難免遇上挑戰與難關，在感到迷惘、不確定、挫折的迷路時期，正是做出改變的好時機。

5. 有意識地梳理自己，了解自己真正喜歡和不喜歡的／擅長和不擅長的，就有機會慢慢往喜歡的方向靠近。

6. 優勢思維是經過梳理察覺自我，更清楚自己的天賦之後，透過鍛鍊讓自己越來越靠近成功。

7. 天賦是為自己創造獨特性的最佳工具！符合「市場性」和「稀少性」兩大條件，還能提高你的價值。

8. 遇到和天賦背道而馳的任務時，透過覺察和學習，好好管理盲點能更有效率地達成目標！

9. 工作卡關時，不一定只能考慮轉職，透過梳理天賦和職能，重新定位自我目標，就有機會找到下一個突破口。

10. 每個人都有獨特的優勢，「不一樣」反而完整了團隊的多元性。善用下屬的獨特性，是主管的祕密武器。

如何鍛鍊優勢？

動起來！從設定目標開始，為自己設計優勢鍛鍊計畫，開始創造優勢吧！也別忘記了，書寫對於具體化目標很有幫助。

還記得優勢的定義嗎？

優勢：是在特定情境下被純熟運用的結果。而這個結果往往會讓人處於相較有利的位置，也能讓人產生成就感、自信、滿足等正向積極的感受。

接下來，要來聊聊這個「純熟運用的結果」。該怎麼純熟運用？又想要得到什麼結果呢？

為了好好回答這兩個問題，我們需要知道，你想在「哪個位置上」鍛鍊優勢。

你不需要全部的機會，
只需要一個適合的位置

很多人找工作的時候都難免心急，想要趕快找到工作，趕快脫離沒有薪水的日子。所以一看到機會就投履歷，面試上了就去，根本沒有好好思考這個「位置」是不是適合自己。這樣並沒有錯，只不過比較難及早有意識的累積自己的價值。隨著年歲和年資增長，會發現薪水天花板很快來到，然後陷入一個擔心害怕的負向循環。

「優勢思維」正可以幫助你打破這個天花板。透過價值觀、職能、天賦的盤點，當你需要做決定時，套用這三

項工具思考一下——想一想目前的環境能給我安全感、激發我的動力嗎？目前的工作內容有讓我打磨職能，發揮價值嗎？在現有的工作中，我有辦法變得更強嗎？在這個職場角色上，我能發揮我的優勢嗎？

經過一番梳理後，你的答案會明顯的攤在眼前。

教練提示

求職迷思！

拿到越多 offer 越好，顯示我的價值很高

No! 如果你可以做所有的工作，表示你可能還沒有一件做得比全世界 90% 的人都好的事（好啦，90% 有點嚴格，但你知道我的意思），沒有獨特的長處，薪水自然談不高。價值必須同時滿足市場性和稀缺性，市場需要你，而且和你一樣的人才並不多，兩個條件同時滿足，你的價值才有機會提高。

拿到很多 offer 很好，但如果這些 offer 沒辦法幫助你成為更好版本的自己，沒辦法幫助你建立長期的發展，這些 offer，可能不一定是好的 offer。

越長大越發現，朋友在質不在量，機會也一樣。

「選擇」永遠是最難,卻也是最重要的!

優勢的形成,需要適合自己的位置,但是實際上要如何判斷哪個位置適合自己呢?讓我們透過一個假設題來幫助了解。

試想看看,你要和朋友合作開一間餐廳,需要主廚、外場服務經理、營運長這三個重要角色。如果邀請你成為其中一個角色,你偏好哪一個?(假設你已經擁有該角色需要的背景知識和專業技術)

- 主廚:產品打造者,透過專業能力打造受歡迎、品質穩定的產品。
- 外場服務經理:與顧客溝通的主要窗口,確保客人能開心用餐、體驗良好。
- 營運長:策略制定者,透過市場策略和流程規畫,增加營運效率及餐廳營收。

你選擇哪個角色呢?

選擇主廚的人,你可能很重視「專業能力」的展現,也喜歡打造產品的開創性與掌控性。

選擇外場服務經理的人,你可能很重視「人」的需求,洞察力強、喜歡協助人解決問題。

選擇營運長的人，你可能很重視「邏輯和效率」，也喜歡從底層策略影響全局的影響力。

每個人都有各自的特質和偏好，以及適合的角色。適合他的，不見得適合你。你選擇的角色當中，一定也隱藏了你對工作、任務、角色的偏好。

為什麼選這個角色？是哪個部分吸引你？

把你的原因記錄下來，可以幫助了解你對工作角色的偏好！

例如：

同樣選擇了主廚，有人可能是喜歡「貢獻專業度」；有人可能是喜歡「維持產品穩定性」；有人可能是「打造符合市場的產品」……

同樣選擇外場服務，有人可能是喜歡「與人溝通」；有人可能是喜歡「助人解決問題」；有人可能是「展現自己在人群中的魅力」……

同樣選擇營運長，有人可能是喜歡「建立流程與規則」；有人可能是喜歡「做策略與規畫」；有人可能是喜歡「決策與影響力」……

將「角色」的概念套用到工作上

試著想想──

- 你剛剛選擇的角色,和你現在扮演的角色相似嗎?還是完全不同呢?
- 選擇該角色的原因,有在現在的工作中被滿足嗎?
- 你喜歡你現在在工作任務中扮演的角色嗎?
- 喜歡的話,可如何透過發揮天賦,將它做得更好?
- 不喜歡的話,可以如何改變嗎?

用客觀的視角看待阻礙,
用主觀的視角看待自己

客觀 vs 主觀

客觀的人,往往會參考外在的資訊與意見,盡可能數據化、表格化,讓自己的觀點保持中立。

主觀的人,往往會更傾向參考自己內在的聲音、想法和感受,用自己的標準來評斷事物。

如果這兩個一定要你選,你會說自己偏向主觀,還是

客觀呢？

　你可能內心已有答案，也可能選不出來，還可能覺得自己在某些時候客觀、某些時候主觀。

　那客觀和主觀，有哪個比較好嗎？

　當然沒有。而且我覺得客觀和主觀同等重要，尤其是在做決策的時候，他們必須同時存在。

客觀對於職涯決策的幫助：

- 了解產業現況與發展機會：蒐集產業趨勢、市場需求和工作環境等方面的實際數據和事實，有助於了解不同職業的就業前景、薪酬水平和工作條件，從而做出符合理想職涯的決策。
- 風險評估和後果分析：包括對不同選擇的風險評估、可能的結果和職涯發展路徑的分析，從而幫助你做出基於事實和理性的決策。

主觀對於職涯決策的幫助：

- 個人價值觀和興趣：主觀感受有助於我們關注個人的價值觀和興趣。這些因素對於職業選擇和職涯發展非常重要，它們反映了個人對於工作內容、環境和文化的偏好。
- 情感投入和動機：主觀感受可以提供對工作和職業

目標的情感投入和動機。這有助於我們增強工作的動力和積極性，也讓我們更有可能取得成功和滿足感。

總的來說，客觀幫助我們蒐集資訊、評估選項；主觀幫助我們關注內在、相信自己。如果兩者可以好好合作，相信就能幫助我們做出更好的決定！

為什麼我們總覺得下職涯決定很難？

這其實和我們的「慣用視角」有很大的關係。

做過這麼多職涯諮詢，我發現很多時候，我們把客觀和主觀視角擺錯位置了。我們時常習慣太過主觀的看待阻礙，又太過客觀的看待自己。什麼意思呢？面對問題和阻礙時，我們可能因為沒做過或是害怕這個主觀事實，而先入為主地自我懷疑，而忽略或妨礙發現其他可能性。相反的，在看待自己時，卻又時常太過客觀，過度依賴別人的看法和意見導致資訊量過多而焦慮，反而讓我們無法與自己真正的貼合。這個結果會讓自己與自己越來越疏遠，然後做出自己不想要的決定而不自知。

不知道你有沒有過這樣的經驗，明明知道某些事情該做，但就是不想做。回想起來不是能力不足，也不是做不到，卻因缺少動力、缺少意義感、缺少非我不可……種

種原因，總之就是不想做。這就是為什麼我們要找到那個「由內而外的目標感」，而不是單純追求別人賦予的目標。唯有這個目標是自己思考過後，真正想要追求的，才值得我們花費努力去實現。這就是學習「用主觀的視角看待自己」。

用主觀的視角看待自己，不是盲目，不是自私，也不是不管別人的看法。而是面對生活中的每一個決定，都試著從關注自己，從內在出發，更主動地為自己做選擇，拿回生活的主導權。

教練提示

接受諮詢時，我很常聽到這樣的句型：「我想……但是誰誰誰覺得……」

例如：「我想換工作，但是我父母覺得不穩定……」「我好想離職，但是朋友都覺得這份工作很好……」「我想創業，但大家都說成功機率很小……」

如果深入一點思考，這樣的句型是不是等於把自己的決定權讓出去給別人？

為什麼我們要這麼做呢？明明做著這份工作，痛苦的是自己，為什麼我沒有權利終止它呢？

如果你正面臨職涯抉擇障礙，
以下哪個原因更貼近你？

沒自信：不相信自己可以做到。

害怕失敗：如果不開始，就不用承擔失敗。

完美主義：擔心做不到最好，所以乾脆不做了。

比較心態：擔心外界眼光，怕無法滿足社會期望。

你可能對某個原因特別有感，也可能同時有多個擔憂，都沒關係。指認它，然後把它甩在腦後吧。不論是你或你的親友，只要有上述狀況，都請試著「用客觀的視角看待阻礙，用主觀的視角看待自己」。

用客觀的視角看待阻礙

看見問題或阻礙時，試著站在客觀的角度想想：

- 現在看到的問題和困難真實存在嗎？還是只是來自對於未知的恐懼？
- 如果是來自對未知的恐懼，我可以如何讓「未知」變成「已知」？我可以嘗試做些什麼讓自己更了解事實和現況？有誰可以幫助我？
- 如果阻礙真實存在，這些阻礙分別是什麼？
- 我的優勢是什麼？它可以如何幫助我解決問題或達

成目標？

試著將你腦中所有的問題都客觀的列出來，一個一個審視，再一個一個試著逐項解決。

跨領域轉職好難，所以遲遲沒開始嗎？

可以問問自己，現在看到的困難真實存在嗎？還是來自未知的恐懼？

對於未知的領域，有誰可以請教嗎？轉職目標需要什麼能力？我擁有哪些？缺乏哪些？擁有的那些能力，可以如何讓面試官看見？缺乏的那些能力，可以如何學習？

面對阻礙，不要被自己的成見限制，試著客觀的盤點問題之後，你可能會發現其實沒那麼難，或是有一些新作法可以幫助你排除心魔，慢慢靠近目標！

用主觀的視角看待自己

面臨重要抉擇時，站在自己的視角問問自己：

- 這個目標或選擇是我想要的嗎？還是是其他人的期待？
- 這件事如果我現在不做，十年後會後悔嗎？

有些年資了放棄太可惜，但又想試試其他可能？

可以想想留在現在的工作是自己想要的，還是別人的期待？如果是別人的期待，我想要遵從嗎？不試試看新的機會，我會不會後悔？

面對別人的期待和建議，要知道他們都是出自好意，感謝他們，但適度參考就好。每天要面對的工作內容、企業文化、主管、人際⋯⋯的人，都是自己，讓自己活得更開心、更有動力，是自己的責任，也是自己的特權呀！學習為自己做出好的決定，是更接近自由的最佳方式。

唯有從內而外制定的目標，才值得努力去實現

這個由內而外需要我們花些時間來沉澱及整理，下一章節將帶你一起制定目標！制定目標不容易，但只要掌握方法，你會發現制定目標越來越有趣！

目標不用很大，也不是很難達成才叫好目標，只要能帶我們往更好的地方前進一小步，就是好目標了！但是，最核心、最重要，可能也最難的其實是，什麼是「好」？

接下來的內容要幫助你透過探索自己內心真正的想望，一步步找到自己「由內而外的目標感」。請務必聆聽自己內在主觀的聲音。

優勢的形成，
需要適合自己的環境與目標

優勢除了向內挖掘潛能，還需要考量一個重要因素：外在環境。

同樣一個人，擺到不同的環境和不同的人比較，他的優勢可能會改變，可能增強，也可能減弱。所以優勢是動態的，優勢是相對的。

既然如此，找到一個適合自己的環境就很重要了！最好這個地方你不是最強的，因為這樣你還有人可以學習、請教；你也不是最弱的，不然就太打擊自信了。然後最重要的是，在找到的這個位置上，你可以盡可能地展現潛能，成為最獨特、最有價值的存在！

那要如何找到這個位置呢？

最理想的位置當然是符合自己的價值觀、職能、天賦啦！通常我們會說這是我們最理想的職場定位。

回顧〈Chapter2〉「探索潛能」的章節，你會對現況有了更多的了解。

符合價值觀：找到一個適合自己的企業文化和環境，讓真正的自己可以嶄露頭角，也讓自己的動力可以源源不絕。

符合職能：找到一個可以讓自己的能力展現價值的地方，建立自己的成就感。

符合天賦：找到一個可以發揮潛能的地方，並有機會將天賦轉化成自己獨一無二的獨特性。選擇對自己有利的賽道，鍛鍊優勢，讓自己越來越有自信！

下面是一些學員的發現，提供參考：

「現在的工作和自己的價值觀相違背，想轉換環境的心情更確定了。」

「目前的職能發展不如預期，想跨領域試試。」

「現在的任務沒有最好的發揮自己的天賦，希望可以找到天賦能發揮的地方。」

「更認識自己了，覺得現在沒有不好，但希望可以帶著天賦突破現在的自己！」

不管你現在的發現是什麼，肯定它。

不要擔心別人對你的觀感、看法，這些發現都不需要被評斷對錯，我們的感受和直覺，是最忠於自我的。

低潮時，鍛鍊天賦形成優勢，重新定位

我也不是一帆風順的，在最低潮時，藉由盤點現況，重新聚焦目標，都能讓我重新找回力量。

在創業的第五年我碰上了一個大難題，當時的BetweenGos單純是個內容媒體，主要營收來自廣告，所以流量是最重要的指標。那時候公司狀態不算穩定，每個月都得擔心下個月的客戶和營收在哪裡，做著熟悉的工作內容，找不到突破口，甚至連意義感都快要消失了。

每天我都在質疑自己，創業是自己的選擇，為什麼還會迷惘？為什麼還會失去意義感？然後審視自己的工作成果，明明已經付出全部時間了，流量表現、營收表現都沒有如理想中的成長，是不是我還不夠努力？然後身邊的創業者朋友們一個又一個突破新的里程碑、成功募得資金、團隊快速拓展……一方面為他們開心，但回頭看看自己，面對停滯的一切，和已經出盡全力的自己，腦中充滿苛責、懷疑、沮喪。隱約有一種念頭，知道繼續走下去的前方不是我要的，但如果不繼續往前，好像也是死路一條。我不知道除了繼續前行，還能去哪裡？好氣自己不夠強，好氣自己不知道答案，是不是我不夠好？

那段時間，從來不過敏的我居然開始長蕁麻疹，反覆出現又找不到病因，洗完頭的落髮量也多到讓我疑心要變禿頭了！時不時還會出現暈眩症。身體的警訊在在告訴

我，我需要為自己按下暫停鍵，好好想想接下來的路該怎麼走。說起來，促使我轉念的，並不是基於什麼偉大的理由，純粹只是因為停在那樣的狀態，真的太痛苦了！

決定按下暫停鍵後，我在團隊和親友的支持下，從日常生活中「請假」，帶著混亂的心情和煩惱，租了間有大桌子（可以舒服用電腦和書寫真的很重要）的 Airbnb，就在那裡閉關了兩週。期間我好好的和自己對話，盤點了自己的價值觀、職能、天賦，好好的思考了自己的優勢，然後漸漸撥雲見日，看見前方道路依稀成形。

我的價值觀是真實、自由、好玩，創業初衷是幫助需要的人解決職涯問題，能夠「真實的解決問題」對我來說很重要。當時我問自己，我有在解決什麼明確的問題嗎？如果想要更接近解決實際問題，我可以做些什麼呢？

我把這些想法全部寫下來，包含所有我會做的事、我有興趣的事、我擅長的事、能滿足意義感的事、能賺錢的事、能解決職涯問題的方法……還很混亂也沒關係，先全部列下來再說！然後再透過討論、規畫、行動，慢慢收斂、聚焦，一步一步開始做出改變。於是我的公司轉型了，從內容媒體慢慢變成職涯服務平台，繼續幫助社會大眾解鎖職涯問題。經過這樣的大整理後，我心裡踏實了些，知道自己需要轉換方向，需要學習新的技能，需要打造新的團隊……好多必須做的事，雖然依舊充滿未知與挑戰，但我知道「為什麼而做」，就由內而外長出力量了。

盤點現況，問問自己想努力的目標是什麼？

設定目標，就像是探索和行動之間的中繼站、交會點。有點像是一段旅行中，轉車的過程。我在低潮期根據優勢思維提供的線索，把過去的旅程點滴好好整理了一番，在找到下一個目的地後，重新踏上下一段旅程。正因為設有目標，才不會在過程中輕易迷路。

關於設定目標，我鼓勵你「主觀」一些。請勇敢的把想做的事都寫下來、說出來，不管大或小、困難或簡單都沒關係，只要是一件對你來重要的事、你真的想改變的事，就是一個好的目標。

如何設定目標？

如果你上網查「設定目標」，會發現設定目標的方法超多，但是到底哪一種適合自己呢？為什麼很多人設定目標後，執行不到一個月就放棄？然後開始質疑自己是不是太沒毅力？

別擔心，我相信每個人都經歷過虎頭蛇尾的情況，我也是（而且是多次）。我的經驗告訴我，目標會不會成真

的重要關鍵，根本不在設定目標的方法，而是「你有多想要這個目標」。如果你真的很想要它發生，你會試遍各種方法，然後找到成功的那個方法。

講到設定目標，最常舉的例子就是減肥了，我自己也嚷嚷著要減肥非常多次，但每次都是喊著喊著完全沒成效。近期一次我成功減了兩公斤，是因為我即將有個舞蹈表演，我希望在練舞的過程可以讓身體輕盈一些，也希望在舞台上身形看起來美一點（沒錯就是如此膚淺XD）。

減肥是一個比較輕鬆的例子，前面提到的創業五年轉型的例子，可能就是比較認真的例子。但不管是哪種類型的目標設定，最終都扣回最重要的核心：你真正想要的是什麼？

有些人天生對目標就比較有感，有些人天生就比較順應當下，不太習慣設定目標，所以，這裡設計了兩種目標設定方法，你可以選擇適合你的，趕快來看看吧！

①Top down北極星設定法：以終為始，看著自己的北極星，從想達成的最終理想樣貌回推，來設定現在需要的目標。可能更適合有明確目標的人。

②Bottom up手電筒設定法：檢視現況，像是拿著手電筒探照腳邊的路，從眼前的選擇開始，慢慢往理想的未來靠近。可能更適合順應當下的人。

北極星 VS 手電筒，哪個方法比較適合你？

這兩種方法沒有優劣之分，每個人都可能在不同階段或不同場景而改變設定目標的方法。舉我為例，前面提到的減肥，比較偏向北極星設定法，從理想的體態、公斤數回推，來決定每天的飲食、運動計畫。而創業轉型的話，就比較偏向手電筒設定法，不喜歡當下的狀態，卻也不知道北極星在哪兒，藉由盤點現況就能慢慢打開通往理想未來的道路。

如果現在的你選擇了北極星設定法，請把你的北極星，也就是未來理想樣貌或是目標寫下來吧！目前有沒有遇到什麼困難或挑戰？也記得思考，這個北極星是你的，還是別人的？如果現在的你選擇了手電筒設定法，就把你現在有的選擇或是現在遇到的問題列出來！舉凡想到的都盡量列出來，越多越好，之後再來刪減。

用形塑優勢的三大工具，幫助聚焦方向

接著，要來回顧、盤點「價值觀」「職能」「天賦」，看看它們可以如何幫助我們設定目標，甚至達成目標。這三個要素是形塑優勢的重要工具，也是幫助我們聚焦方向的重要指南針。不管你現在的目標清晰與否，接下來的探索，都會幫助你看見更清晰的理想未來。

開始設定專屬於你的目標之前,仍要不厭其煩的提醒你〈Chapter2〉提到的注意事項,在這裡也適用:

1. 誠實面對自己:

    a. 保持開放的心:讓自己的心保持開放,才容得下更多新發現!

    b. 和自己直球對決:不要害怕傾聽自己真實的聲音,誠實面對才能做出真正想要的選擇。

2. 高品質的專注時光:找個安靜的空間,閱讀、沉澱、書寫,全神專注地和自己對話,一定會有更多收穫。

3. 不要急,慢慢來:用最舒服的步調和節奏來閱讀、記錄與書寫,與其快速看完,你的沉澱、反思、收穫,才是最重要的,讓這本書成為你需要時陪伴找答案的朋友。

價值觀：找到適合自己的環境和內在動力

「現在在做的事，符合我的價值觀嗎？」

如果你正在做的事和你的價值觀抵觸的話，這很可能就是讓你工作不順、不快樂的原因了。「價值觀」可以視為一種檢核標準，幫助我們審視現況和內在是否有拉扯，同時協助我們正視問題，透過慢慢調整來真正活出自己的價值觀。

依據「價值觀」線索來制定目標的兩大主要思考點有：

①評估環境：現在的工作環境是否符合自己的價值觀？不符合的話，打算離開或做出改變嗎？

②評估內在動力：現在的我，有多活出自己的價值觀呢？一到五分你會給自己幾分？又要如何提高這個分數呢？

假如你的價值觀是「家庭」，但是每天都花太多時間埋首工作，陪伴家人的時間總是不夠，內心難免疲累、愧疚、無力。假如你的價值觀是「開放」，但現在的組織文化非常保守高壓，每天都像是被關在鐵籠裡，內心難免感到孤獨、緊繃、焦慮。

在我低潮去閉關時，我梳理自己的價值觀後發現，當時的生活和我的價值觀在很多層面上都相違背了。內在真

實的我希望可以協助大家實際解決問題，也希望能依據自己的價值觀生活，但對照當時的生活，我投入了全部時間在工作，生活已經失去自由和好玩的成分了。工作上，我希望可以真實幫到社會大眾解決職涯問題也沒達成，這三項價值觀沒有一項符合，怪不得我會自我懷疑！

但你知道嗎？這是個壞消息，同時也是個好消息！

壞消息很顯而易見，撕開 ok 繃看見事實很痛。我的確花了一點時間反省自己怎麼會這麼久才看見問題，以及看見問題後也令我慌張，不知道自己有沒有能力改變。

但好消息是，看見問題具體地攤開在眼前，讓我對現狀更有全局觀和掌握性，知道問題的根源，知道可以從哪裡著手，並開始動手解決！

我們要「客觀的看問題，主觀的看自己」，有時候問題會帶我們看見目前對自己來說最重要的目標。

① 評估環境

曾有位學員和我分享他重視的價值觀是「真誠」，但他當時的公司常做出一些遊走法律邊緣的決策，雖然不直接違法卻充滿爭議，甚至偶爾會要求他幫忙產出一些不符合事實的報告。這份工作對其他同事來說並不構成困擾，

但他卻不然，總是如坐針氈，每天都忐忑不安。在諮詢的過程中，他擔心換了工作，下一份一樣換湯不換藥，因而感到遲疑。

如果你是他的朋友，你會對他說些什麼呢？你可能會說：

「才不是每一間公司都這樣！我的公司就沒有啊！」

「離職吧！這樣的公司太令人擔心了！」

「你一定有別的選擇！」

對啊，一定會有別的選擇，全台灣的公司這麼多、全世界的公司這麼多，怎麼可能每一間都一樣？重要的是，你清楚了自己的價值觀，清楚了自己無法接受的底線，這是很珍貴的發現，它可以幫助你下次不再做違背價值觀的選擇。

這位學員後來順利換到下一間公司，不再提心吊膽，可以在更適合自己的環境中專注的努力、進步。

② 評估內在動力

有位朋友和我分享他重視的價值觀是「影響力」，之前他在一家本土的新創公司上班，做了一年後，感覺這項產品的天花板已經到來，對比在外商公司的經驗，透過產品可以發揮影響的層面相較狹窄。希望有更大的舞台和影響力，是他的價值觀，多方衡量下，他回到原來任職的外

商公司上班，負責更廣大的市場，雖然得付出更多的時間和努力，他卻甘之如飴。

價值觀是我們相信的事，也是我們願意努力的重要底層動機。做符合自己價值觀的工作，是一件超級超級超級重要的事！說是最重要也不為過，只是我們在選擇工作的時候，往往會習慣先看表面的條件，像是薪水、頭銜、福利……但做職涯相關的訪問和諮詢多年後，我發現能在自己的領域闖出一片天的人，在做選擇時，都緊扣自己的價值觀，因為唯有緊扣價值觀，才能在這段旅程上義無反顧、心無旁騖的累積、深耕、不斷向前。

讀到這裡，換你啦！來試著用自己的價值觀為自己設定目標吧！

請帶著〈Chapter2〉找到的價值觀，和現在工作做個對照，為自己打個分數（1～5分，5分是超級符合，1分是不符合），然後為自己制定目標吧！

從價值觀出發設定目標可以思考的問題：
- 我選擇的價值觀和現況有哪些符合？哪些衝突？
- 衝突的地方在哪些地方影響自己？影響多大？
- 衝突的地方有可能靠我的努力改變嗎？
- 我可以做些什麼讓生活更貼近我的價值觀？

職能：找到適合的場景展現能力，提高身價

「我可以如何產生更大的價值？」

職能是我們最直接表現出來的工作能力，也是最直接能幫到團隊的外顯優勢。

依據「職能」線索來制定目標的兩大主要思考點：

① 找到發展方向：現在工作崗位上，最需要我發揮的職能是什麼？這是我接下來想要持續發展的方向嗎？

② 提高價值：我的職能放在哪個位置上更能發揮？我可以如何放大我的價值？

還記得探索職能的章節，提供了兩個工具給你：「跨領域能力地圖」和「十大職能列表」嗎？先來看看故事，你會更了解如何從職能出發來設定目標。

藉助職能盤點找到下一個努力的方向

W 原是位學校老師，對教育充滿熱忱，希望透過教育帶給社會正向的改變。在學校體系任教幾年後，轉往線上教育平台擔任專案經理，從教學現場轉到平台營運，是很不一樣的工作內容，這也讓他快速累積了很多不一樣的跨領域職能。但也因為這樣，「做什麼都可以，但到底要

選哪個?」變成了他的大難題。他很清楚自己對教育感興趣,但教育產業中有這麼多不同的角色和工作,到底如何選擇才對呢?

於是,他使用了「跨領域能力地圖」作為工具,將自己過往累積的所有職能都好好的盤點過,從「能力」作為聚焦的思考點,讓他有機會把過去很多看似散亂的能力:教學、教具製作、學習體驗設計、學員管理、教學⋯⋯統合成「跨職能團隊管理」的能力!

W 和我分享:「想出來的時候,當下有種當頭棒喝的感覺,原來我平常在做的這些顧前顧後的雜事,其實是在累積管理跨職能團隊的經驗。對應到想投遞的職缺時,就像開了天眼,可以完全看清楚,原來職缺要求的能力可以對應到自己的哪段工作經歷,這也讓自己的優勢清楚地展現在眼前。」

未來的方向,往往藏在我們過去的累積裡,花點時間整理過去,可能會讓你看見清晰的前方道路。

放大自己的職能價值,為自己加薪、加快樂

S 做過很多工作:餐飲業、店櫃銷售、游泳教練、業務助理⋯⋯累積了很多不同的能力,但總覺得每個工作都做不久,也感覺不到自己價值的累積。對於下一步,S 非常迷惘,接近 30 歲的他,不想再走一步算一步,「這一次,要好好選。」

來諮詢時，我們把他的過去好好梳理了一遍，發現在S做過的這麼多工作當中，看似很不同，卻都在大量累積他的「人際服務的能力」，而這項能力也是S最得心應手的能力，應該要來好好的放大他。於是S決定接下來要認真找業務相關的工作，讓他有機會突破自己（包含提升能力和收入）。

　　過了幾個月，S捎來好消息，他成功轉職成房仲了！把「人際服務的能力」用在銷售房地產上，提高這項能力可以帶來高價值。當然，他還有很多要學的，但恭喜他，找到了一個可以放大自己價值的地方！

透過職能盤點，你有沒有看見新的目標呢？
從職能出發設定目標可以思考的問題：

- 目前我最強的能力是什麼？這是我現在想繼續鍛鍊的嗎？
- 接下來我最想累積的能力是什麼？我可以開始做些什麼？
- 對照目標，最能幫助到我的能力是什麼？
- 我可以如何增強這些能力，放大我的價值呢？

天賦：選擇適合的賽道，同時提高滿足感與成功率

「我如何透過發揮天賦，找到自己的優勢與獨特性？」

身材高壯有力和身材纖細柔軟，你覺得哪個比較有優勢？如果說這兩個身體條件的描述算是中性詞，沒有絕對的好與壞，你同意嗎？

在美式足球隊裡，身材高壯有力的人，可能更吃香。但在體操隊裡，身材纖細柔軟的人，可能更有優勢。所以，如果沒有明確定義賽道，我們很難說什麼樣的特點擁有絕對優勢。換了一個賽道，某個原本的弱勢，可能瞬間變成優勢，反之亦然。

這也是為什麼，我們需要認識自己與生俱來的天賦，當我們能夠指認出自己的天賦，自然能判斷自己在什麼樣的賽道中，更能展現優勢。

依據「天賦」線索來制定目標的兩大主要思考點：

① **選擇賽道**：目前的工作崗位上能發揮我的天賦嗎？哪個賽道讓我更覺自己有優勢？

② **從天賦中找到自己的獨特性**：有哪些天賦我希望可以多發揮一些？我可以如何運用我的天賦，幫助我變得更獨特、更有優勢、更有機會成功？

選擇賽道,提高勝率

這個賽道不一定是一場比賽,也不一定是一個明確的職位,你可以把它想像成每次要做選擇時,你面前都會有兩扇(或多扇)門,而你需要決定打開哪一扇門。每一扇門的決定,都會影響到後續的故事發展,最後譜寫成我們的人生故事。

有些選擇是明確的選擇題;比如我剛畢業時,面臨的第一個職涯抉擇是「該去大公司,還是小公司?」因為我的天賦偏向「創意奇才」,所以我知道自己不喜歡太多規則、喜歡探索未知、喜歡更多開創性,所以決定去相對小型的公司,讓自己有更多發揮的空間。

有些選擇可能影響更深遠;我在六、七歲時,曾經被爺爺奶奶帶去上過一堂芭蕾課,好像還沒上完就哭著跑出教室。我對當時的印象很模糊,只記得拉筋好痛,課堂上老師好嚴肅、好恐怖!那次之後,爸媽以為我不喜歡(我也以為自己不喜歡),就不再帶我去跳舞。直到高中,有啦啦隊比賽、有課間操、有體育課要編舞,我發現自己記舞步滿快的,舞姿也被誇讚精準,除了小時候那 10 分鐘的芭蕾課,我沒上過任何舞蹈課,卻可以編出一整首的動作教同組的同學跳,一切是那樣自然而然,現在回想起來仍感到匪夷所思。

後來上了大學,加入熱舞社開始學街舞,才感覺到練舞深深吸引我,即使每次都練得全身汗(坦克背心都可以

擠出水來的等級）、在地上打滾弄得髒兮兮，我還是很願意投入時間、覺得時間過太快、感覺得到自己進步很快、也感覺到自己的正向能量。

後來回顧了我的天賦，「創意奇才」包含創造、擁抱不同、即興，我才發現，同樣都是跳舞，團體表演時都講求動作整齊度，但街舞比芭蕾多了很多自由的元素，比起整齊劃一，更擁抱大家身體的不同（包含體態和肢體表現），讓每個人的身體都可以「做自己」，所以我對街舞的興趣會大大超越芭蕾。選擇街舞，而不是芭蕾，是我在賽道上的選擇。

現在回頭看，其實也會想，如果小時候有接觸除了芭蕾之外的其他舞種，我會不會更早發現自己對跳舞的興趣，可以更早開始訓練身體，我會不會比現在更強呢？但換個角度想，如果我從小跳到大，也許就不那麼珍惜這項興趣了呢？我想，不管怎樣，現在的狀態就是宇宙最好的安排了吧！

依據自己的天賦，選擇適合自己的賽道，不僅能讓自己擁有更多優勢，也會因為更靠近自己而感到滿足。這是我學到寶貴的一課。

從天賦中找到自己的獨特性

做同一件事，每個人都有不同的作法，也會做出不同的特色。這是我從跳舞中，很清楚感受到的。你知道嗎？同一段排舞，每個人跳起來可能都有不同的「感覺」，我後來才知道，這是我們每個人天生的舞感，也進而成為個人的獨特風格。

印象很深刻的是，有一次我們舞團在一個颱風天相約練舞，結果團長要我們開始輪流即興 solo，不是跳教過的舞步，而是放同一首音樂，團員們輪流跳，想跳什麼就跳什麼，其他人就認真觀看。

那次的經驗，讓我有機會認真觀察每一個人的肢體、用力的方式、詮釋音樂的方式……全部都不一樣。有人開始跳就爆發力驚人，所有的動作都大而有力；有人動作小而精細，會配合音樂的小細節；有人動作流暢優雅，注重肢體的連貫性；有人善於互動，用眼神和肢體與觀看者互動……一樣的音樂，每個人詮釋的方法都不同，各有特色，各自美麗。

那天，對我來說是非常具有啟發性的一天。那天之後，我開始用全新的眼光看待「表演」這件事：在具備一定的程度後，表演無關對錯，只有風格。你可以不喜歡某種風格，但你要知道，世界上一定有其他人喜歡這個風格。

以前的我，很羨慕動作很大、很有爆發力、很有競爭

性的舞者（人總是會羨慕和自己很不同的人），但後來，我越來越學著擁抱自己的天賦特質，我隨和、不喜歡競爭、喜歡在音樂中找到自己的平靜，流暢自在也是一種風格，我有自己的路。

> 跳舞有風格、表演有風格，其實工作也有風格、領導也有風格。肯定自己的獨特性，就能為自己創造個人風格，而這個風格會讓你很有辨識性，在競爭者中脫穎而出。

從天賦中找到自己的工作風格

N 是一位專案經理，在新創公司上班，天賦是「危機解碼者」。

這間公司的文化相信「計畫總是趕不上變化」，所以不太會做完整的計畫，傾向透過 MVP（最小可行性產品）直接驗證市場，其他的後續再來調整。滿滿的革新、衝刺，讓一開始的 N 不太習慣。但在了解自己的天賦之後，N 發現自己擅長預估風險、排除困難的天賦，可以在產品開發前，幫助團隊看見盲點，降低出錯率。

從天賦中，N 發現自己的「不一樣」對團隊來說極具價值，不僅讓自己工作起來更有成就感，也提高了在團隊中的貢獻度和能見度。

「不一樣」正是我們獨特的地方，觀察天賦為我們帶來了什麼樣的獨特性、創造了什麼樣的工作風格，也是一件很好玩的事。

找到你現階段的專屬目標

透過價值觀、職能、天賦，這三個優勢思維的重要元素，都可以幫助我們找到設定目標的切入點。你不需要每一個問題都設定一個目標，目標要越少越好，這樣可以讓我們更專注、更心無旁騖的為重要的目標付出努力。

所以，如果你現今的目標多於三個，可以試著來聚焦一下。

首先，來看看價值觀、職能、天賦，哪個對你來說最重要、最急需解決、最有意義？

- **價值觀**：「現在在做的事、所處的環境，符合我的價值觀嗎？」
- **職能**：「透過職能的發揮，我可以如何產生更大的價值？」
- **天賦**：「我可以如何透過發揮天賦，創造自己的獨特性？」

請專注現在就好，問問自己，「現在的你，想要什麼？」

上面三個問題是我常掛在心上問自己的問題，這三個問題幫助我調整自己的方向、追求卓越。希望你也能在自問自答這三個問題時，找到你的方向、專屬你的優勢賽道。

不確定目標，就參考六大職涯解析

整套系統走到這裡，整理了自己的價值觀、職能、天賦，大部分同學都會有些新的發現，不管是找到現在卡關的原因，看見自己理想的樣貌，或是看見新的方向，只要有一點點新發現，就太好了！希望從這些整理中，你能對自己有多一些了解，也更靠近自己一些了！

接下來，如果你對目標還不是很確定，來聊聊你的職涯理想狀態吧！

一起看向未來，看看將來的你，希望過著什麼樣的生活，讓這個生活樣貌的描繪幫助你完整你的未來藍圖，或是成為你的北極星！當然，如果你的北極星（理想生活或目標）已經很明確，不在以下六種職涯狀態裡，請以你的為主，下述六種只是用來幫助你思考。畢竟「唯有從內而外制定的目標，才值得我們努力去實現」，相信自己！

不管現在的你有沒有北極星，一起來看看常見的六大職涯狀態，幫助你完善你的目標吧。

以下六種理想職涯解析，你更喜歡哪一種？

- 跨領域的多能力者
- 管理者
- 技術專家
- 工作生活平衡者
- 自由工作者
- 創業者

請想像三年或五年後的你，你希望成為什麼樣的人？過著什麼樣的日子呢？

幫我深呼吸一口氣，放鬆一下心情，然後專注地一口氣把這六種職場狀態讀過，依據直覺選出一個最吸引你的吧！

★跨領域的多能力者

你培養了不只一項能力，還橫跨多項不同產業，累積了多元能力，讓你不管到什麼環境都可以適應並發揮得很好。你也喜歡穿梭在各種不同的場景中，你因為每天都有不同的挑戰而感到滿足。

★管理者

你在團隊中扮演重要的角色，並扛起重責大任，大家會

倚賴你做決定，你是一個帶領團隊往前衝的領導者。不管團隊是三人還是三百人，你透過領導會感覺到很有成就感。

★技術專家

你在某個領域裡深耕，並且是某項技術的專家，讓大家想到這項專業時，就會想來請教你。你透過專業受到肯定，從中獲得很大的成就感。

★工作生活平衡者

你的工作很穩定，讓你有更多時間可以陪伴家人、培養自己的興趣，工作上有沒有里程碑不是很重要，重點是你感覺生活很平衡，可以在下班後做自己想做的事。

★自由工作者

你擁有一技之長，並且可以靠它賺錢，也有固定案主找你接案，你可以自己決定上下班的時間和地點，即使收入比較不穩定，這種自由感卻是你十分嚮往的。

★創業者

你很想要有一個自己的事業，不管規模大小，你是一個老闆！你管理一間公司，大至商業模式、業績、行銷策略，到辦公室日常營運、員工管理、處理客訴、環境整潔等都要管，責任大且風險高，但是你擁有更大的開創和決策權，這讓你有成就感。

不同職涯目標可以注意的事

哪個職場狀態最吸引你呢？選好了嗎？

接著來看看，選擇那個狀態的你，之後可以做些什麼？又要注意些什麼吧！

★跨領域的多能力者

講到「跨領域」，大家可以想像一個畫面：我有一隻腳踩在Ａ領域，另一隻腳想跨到Ｂ領域。這時候如果在Ａ領域的前腳沒站穩，就急著踩進Ｂ領域，是不是很容易重心不穩？

我曾經在回母校演講時，被學弟妹問到：「大家都在講跨領域，要怎麼培養跨領域能力呢？」當時我就是分享了上述的跨領域「畫面」並反問眾人：「現在的你，前腳在哪裡呢？」

在職涯的前期可以擁有跨領域思維，拓展自己學習的範圍，但不要過度貪心。掌握自己現有的專業，開始累積深度與厚度，等累積到一定程度，再前往下一個領域。「一步一步來」，會讓自己的地基搭建得更穩固，走得更踏實。

若你打算往「跨領域多能力者」發展，請思考一下：

- 自己現在的專長與能力是什麼？有沒有延伸性？
- 下一個想獲得的能力是什麼？為什麼？
- 「現在有的能力」與「將來想獲得的能力」組合起來有機會變成其他能力嗎？可以應用在哪些職位或角色呢？

舉例：行銷專業＋談判能力→可能成為行銷顧問、商務開發、專案經理等。

寫程式＋統籌能力→可能成為產品經理、技術主管等。

★管理者

　　管理者需具備多元能力，包含用來解決問題的專業能力、產品知識及產業經驗；用來帶領團隊的溝通能力、領導能力、資源統籌能力等。成為管理者後，不只要追求自己的目標達成，還要善用每一位團隊成員的特質與能力，用團隊力量一起成就更大的目標。

　　很多管理者之所以成為管理者，都是因為表現優異被提拔，但取得「個人成功」和取得「團隊成功」的邏輯完

全不同。不少優秀的個人工作者在成為管理者後都會遇到瓶頸，因為過去自己的成功方程式，在當管理者後常常反而變成阻力。要取得團隊的成功，凡事不能都自己來，要在團隊目標之下，善用每位成員的能力，適才適所把每一位夥伴放到對的位置，傾團隊的力量來取得成功。

此外，成功管理者的風格也很多元，沒有一種管理風格是絕對正確的，找到自己的管理風格，也是成為管理者非常重要的事。

若你打算往「管理者」發展，請思考一下：

- 你希望成為什麼樣的管理者？
- 要成為自己心目中理想的管理者，你還欠缺什麼能力？
- 現在手邊有沒有什麼專案機會，可以讓你開始練習當推進者？
- 如果你已經是管理者，你的下一個機會可能在哪裡？有沒有哪些地方可以進步的呢？

★技術專家

　　每個領域都需要技術專家。有了這些專家，才能透過深入研究和鑽研，不斷創造新的突破。通常要成為技術專家，都需要對某一領域投入熱情和毅力，讓時間變成最好的朋友，在同一領域累積出複利的力量。

　　在我主持的 Podcast《最近工作還好嗎》節目中，訪問超過百位在不同崗位上發光發熱的來賓，有些人分享道，「在學生時代就發現自己對某領域的熱情，高度投入後，在職場上取得亮眼成績。」像是有來賓在小學四年級就接觸寫電腦程式，於是下決心成為工程師，後來不僅進了 Google 工作，六年後更自行創業成功！也有來賓在高中開始接觸街舞，之後一直在舞蹈的路上努力，更成功擔任周杰倫演唱會的舞蹈總監。

　　有想要持續精進的技術或能力，就把它磨得更利吧！它會帶你看見下一個機會。

若你打算往「技術專家」發展，請思考一下：
- 你希望成為哪個領域的專家呢？
- 想到這個領域裡的專家，會優先想到誰？他身上有哪些值得學習的地方？

★工作生活平衡者

現代工作者除了工作上的成就感和里程碑外，有越來越多的人開始重視身心健康與工作生活平衡。根據我的專業經驗，在調查眾人的職涯目標時，至少有一半的人都會回答「希望工作和生活能取得平衡」。這是大部分人的嚮往，不分職位高低、性別或工作年資，可以說大家都希望可以在創造工作價值之餘，也保有自己的彈性與空間。

每個人對「平衡的定義」都不同，有人希望透過遠距工作創造每天更大的生活彈性；有人希望下班後可以不用再煩惱工作的事；有人希望可以有更多時間陪伴家人、培養興趣；有人希望可以極高壓工作半年、休息半年⋯⋯試著想想你的平衡條件是什麼？現在哪個地方失衡了？

另外，也很鼓勵你思考一下「如果你不用工作了，你想把時間花在哪裡？」是看更多影展、創作、照顧孩子、找尋另一半⋯⋯許多人想要工作生活平衡背後真正的原因，是想透過「擁有選擇權」獲得「自由感」，而這個自由感之所以沒被滿足，往往是因為心中有想做的事但沒辦法開始。所以，如果這有點像你的狀態，就把心中想做的那件事拆小一點，慢慢嘗試開始吧！

如果想要寫歌，每天就把喜歡的歌蒐集起來，試著花30分鐘來創作。

如果想要養成慢跑習慣，試著下班坐到離家遠一站的捷運站，先從這裡開始跑回家。

如果想要多花時間陪伴家人，試著晚餐時間關掉手機和電視，讓這一小時變成能夠深度交流的高品質時間。

試著從這些小小的改變開始，一起創造自己理想中的平衡吧！

> 若你打算往「工作生活平衡者」發展，請思考一下：
> - 你的工作生活平衡定義是什麼？
> - 現在有哪些地方卡住了？
> - 如果你不用工作了，你想把時間花在哪裡？
> - 這件事可如何用現有的時間，開始第一小步呢？

★自由工作者

自由工作者也是越來越多人嚮往的一種工作型態，自由的工時、彈性的工作地點，好像只要有一台筆電，就可以天涯海角四處辦公，結合生活與工作的一種完美想像。

如果你身邊有自由工作者朋友，他可能會戳破你的美好想像，告訴你：「的確，工作的時間和地點是自由的，但是你要面對的現實也有很多不完美的地方……」例如：薪水不固定，也沒有公司的勞健保、福利政策等；你的上班時間可能會遠遠超過你在上班時的工時；你可能會遇到

很難溝通、很難結案的客戶……

　　為什麼會這樣呢？因為自由工作者很多都是「接案式」的工作型態，你可以把它想像成一人公司，所以一間公司的運作流程，包含業務洽談、實際執行產出、專案細節溝通、結案收款……每件事都要由你一人獨力完成。不但如此，你還要具備專業能力、溝通能力、業務能力、紀律、責任感……樣樣都重要且缺一不可。

　　當然，這也是一條會成長很快速的路，如果這是你的目標，先從培養專業能力和業務開發能力開始吧。

　　若你打算往「自由工作者」發展，請思考一下：
- 現在別人願意付錢給你的專業能力是什麼？
- 怎麼讓更多人知道你提供的服務？
- 你最能幫助到怎樣需求的客戶？如何接觸到他們呢？

★創業者

　　創業是一個風險高、不容易成功，但也特別有挑戰性的職涯目標。它需要從市場、產品、技術、財務、營運……具備全方位的知識、經驗與觀點，讓一個點子，成功變成一個商業模式，並且讓市場買單。

創業要注意的事，不是一個段落、一本書可以寫得完的，但如果現在的你對創業有興趣，建議從個人的興趣、在意的主題出發，想想什麼題目是你願意花接下來的十年專注發展的？很多人想創業的第一念頭，可能會是創造更大的財富，突破薪資天花板。當然這沒有錯，但是賺錢的方式有非常多種，創業是一條相對較辛苦的路，路上一定會遇到很多很多的問題，如果這個題目你思考得不夠周密，便無法堅持（有太多創業者因為這樣失敗）。

　　所以，如果你有很在意的主題或問題，開始著手研究、準備吧！創業這條路不好走，但只要有十足的興趣和充沛的熱情，你會撐下去的！就像我，一路上荊棘遍布，但走過坎坷，學習和成長收穫絕對是過去的好幾倍，這一路一定不會白走的！

若你打算往「創業者」發展，請思考一下：
- 你對什麼主題（或解決什麼問題）特別感興趣呢？
- 你來做這個創業題目，有什麼優勢？
- 除了你自己之外，可能還需要什麼樣的夥伴和資源？

　　任何職涯目標或是理想的職涯狀態，都可能在不同

的職涯階段有所改變。像我在職涯初期想要當的是跨領域多能力者，後來想要成為自由工作者，最後走上創業者這條路。我也有不少朋友在經歷自由工作者、創業這條路之後，轉回職場做技術專家或管理者的。所以，請靜下心來傾聽自己真實的內在聲音，把「現在的你」想要的記錄下來就好，職涯規畫本就是動態的，重要的是靠自我覺察和行動，慢慢走出專屬自己的職涯道路。

Ok! 找到目標了，但萬一不成功怎麼辦？

在成功來臨之前，沒有人可以真的預測到。

我曾和一位創業的朋友聊天，他的公司從快撐不下去到拓展至今有 50 名員工，並且用戶和營收一年比一年增長。

我問他：「回想這一路，你覺得你做對了什麼？」

他笑了笑說：「其實我真的沒有做對什麼，我們也試圖回顧找到一個點，並將成功歸功於它，但事實是，我們只是一直持續地做、持續地做，直到有一天看到了成果，然後成長就此開展。」

這個回答，對當時的我非常有幫助。那時候我正面臨公司的轉型，不太確定方向，不知道怎麼做才對。

回想過去，我內心也曾有過很多懷疑的聲音：辭職自由接案，可以養活自己嗎？創業會成功嗎？打造市面上還

不存在的職涯課程，真的有人需要嗎？如果 BetweenGos 不再靠廣告為主要營收來源，真的活得下去嗎？

這些問題，在當初發生時，我都沒有答案。但我心裡有很強烈的渴望，希望去找到答案。而且我相信自己總有一天會找到答案。即使答案是「不行」，我也甘願，因為我相信在找答案的路上，我一定會有所發現和成長！

「Nobody knows anything!」（沒有人知道任何事！）這是我在讀 Netflix 創業故事《一千零一個點子之後》，很喜歡也很認同的一句話。Netflix 創辦人馬克・藍道夫相信且貫徹這個信念——好萊塢鉅片在真的上映前，沒人知道它會不會賣座；Netflix 在做訂閱制前，也不知道會不會成功，但在不斷嘗試之後，全球訂閱戶已超過兩億人，躍居付費影音串流之冠（2023 年數據）。

成功之前沒有人能確定任何事！因為這樣你只能相信自己的判斷，並帶著可能失敗的心理準備不斷測試，一直試到成功為止。

「失敗是正常的，我只是還沒成功而已。」要成功有很多方法，現在的失敗，可能只是這一條路不通，我一定還有別條路。

別花太多時間擔心，甚至別花太多時間制定嚴謹的計畫，方向比計畫重要。成功不是一個方程式、不是一本計

畫書。成功是試錯而來，成功是累積而來。重點是，成功是「行動」而來。

誰都想抄近路，
而捷徑就在你的天賦中

說到行動，有人躍躍欲試，有人擔心卻步。

沒問題，不管你的第一直覺是什麼，那就是你的天賦！

從小，我就是個會關注自己優點和缺點的孩子，我知道自己偏內向、容易迎合別人的想法、面對大人總是笑盈盈、乖乖的，也不太會說錯話，給人一種穩重的感覺。我媽媽和我分享過一個故事，充分表現了我的這個天賦特質——

五歲時，我被爸媽帶到朋友家作客，主人自己做了優格請我們吃，非常酸，我父母看到我吃下去的表情有點為難，但我還是硬著頭皮吃完了。主人看我很快就吃完，立刻開心地問：「好吃嗎？要不要再來一碗？」據說，我當時很有禮貌且不忘笑著回說：「很好吃，但不用了。」多年後我懂事了，聽到媽媽和其他朋友說起這個故事，每

個人的評語都是「這小孩太會說話了吧」「好適合當外交官！」……

再長大一些，開始上學交朋友，團體中總會有很有自己想法的小孩，我也發現自己傾向會順應他們的想法做事，例如什麼時候要去福利社、補習前要吃什麼……也曾經因此被朋友說：「你有沒有自己的想法？每次問你都說『都可以』！」還記得當時的我，為此傷心了好一陣子，反省自己是不是真的太沒主見，這樣是不是不好？

此後我開始了反省之路──我想要這麼隨和嗎？還是我也想要更有主見一些？隨和等於沒有主見嗎？不想讓別人不舒服，我只能說他想聽的話嗎？除了隨和之外，我還想擁有什麼特質呢？我想成為什麼樣的人？

這些問題在我成長的路上不斷反覆出現，我也慢慢透過問自己問題、練習說出自己的感覺和需求、更主動地決定事情……想要練習更有主見一些。我想要同時隨和又有主見，總覺得這並不衝突，我應該可以同時擁有吧！

出社會後，開始打工、上班、跳舞、表演、參與各種不同的專案……在很多不同的團體中穿梭，我漸漸發現，我的隨和特質幫助我累積了好多好朋友，而這些好朋友也很願意在我需要時給我機會、幫我引薦資源，讓我可以順利完成許多好玩的專案！

這一路走來的變化和累積，致使我甘願擁抱自己小時候可能不太喜歡的天賦特質，更打從心底相信，優勢是鍛

鍊出來的，而且當它能對應目標時，鍛鍊的成效會更加顯著！

回想這段我與我的「隨和」特質共處的經驗，我發現我鍛鍊它的方式分成兩大類：

① 放大天賦：對應目標，讓我有意識的鍛鍊它，讓它變得更強，或對我更有用。

② 管理盲點：針對天賦帶來的盲點，找到方法避免困擾發生。

放大天賦

如果沒有目標，也可以鍛鍊優勢嗎？

應該很難吧！如果沒有目標，該怎麼使力？如果沒有目標，怎麼知道自己有沒有進步？

舉我的「隨和」特質為例，如果沒有對應目標，它就只是一個形容詞。但有了目標／情境，這項特質就可以活過來，變成幫助我的有效助力！

這裡提供一個公式，讓你更好理解、套用。

天賦×目標場景＝優勢策略

把你得出的天賦和目標套到優勢策略公式中，你會發現它更具方向性，甚至可以指出幫助你更快成功的捷徑。

來實際使用看看：

隨和 × 交朋友	＝很快適應不同人事物，容易結交不同領域的朋友
隨和 × 業務開發	＝快速了解對方，建立初步良好信任關係
隨和 × 管理團隊	＝願意傾聽和理解每個人，建立團隊向心力

如果套用不同的天賦和情境會怎樣？

我們先假設同樣都是專案經理（PM），來看看相乘不同的天賦後，會產生什麼樣的優勢策略。

天賦 × 目標場景 ＝ 優勢策略	
創意奇才 × 專案經理	＝打破既有框架，帶來嶄新觀點和解法
靈活策略家 × 專案經理	＝在專案過程中保持彈性，不斷探尋最佳路徑
獨特性探尋者 × 專案經理	＝找到最適合合作的夥伴，放大團隊效益

理性思考家 × 專案經理	＝蒐集多方資訊，為團隊做更完整的決策
情緒洞察者 × 專案經理	＝了解專案中利害關係人的痛點，成功協調
危機解碼者 × 專案經理	＝思考可能風險，為團隊做好萬全準備
魅力表演家 × 專案經理	＝站到第一線展示想法或產品，增加團隊說服力
開拓行動者 × 專案經理	＝鼓勵大家開始新的作法，讓想法落地成為行動
獎盃獵人 × 專案經理	＝帶領大家看見對手，一起追求卓越
目標達成家 × 專案經理	＝訂下明確目標，帶大家更有方向的前進
流程結構師 × 專案經理	＝建立明確職責與流程，增加團隊效率及達成率
正向感染力 × 專案經理	＝打造正向的環境，帶進團隊需要的資源

　　你看！同樣都是專案管理，不同的天賦可以帶來完全不一樣的優勢，但都非常有用，對嗎？

　　所以，在此想帶給你一個重要的訊息：要做好一件事／達成一個目標，並不只有一種作法，運用你的天賦，一定有專屬於你的獨特作法及優勢。

進階使用：掌握環境變因，把優勢打包帶著走

剛剛討論了同一個目標運用不同天賦可帶來的優勢。

接下來，如果以個人來說，我們的天賦可以如何套用到不同的情境，讓優勢的應用性更廣呢？

假設我擁有的天賦是「結構流程師」，特質是找規則、穩定、流程、紀律……這些天賦特質可以如何被不同的情境使用呢？

試著把它們和情境套用優勢策略公式看看會發生什麼事？

天賦 × 目標場景 ＝ 優勢策略	
流程結構師 × 工程師	＝注重寫程式的結構，讓程式碼更簡潔，也讓同事間更容易協作
流程結構師 × 設計師	＝建立自己的設計流程，加快自己的產製效率
流程結構師 × 管理者	＝建立團隊協作流程，降低人為疏失，提高團隊效率
流程結構師 × 經營自媒體	＝為自己制定內容經營的時程與計畫，有紀律地執行，維持產出的穩定度

一樣的天賦,放到不一樣的情境,能為你帶來不同的優勢策略,而這是我們需要好好把握的。

我聽過很多學員說,「好想要獲得自己沒有的天賦喔～因為感覺那個天賦更能幫助我成功!」「感覺經營自媒體需要很多創意,但我不是創意型天賦的人,是不是就不適合開始呢?」

當然不是!如果你仔細觀察那些成功經營自媒體的人,你會發現,他們每一個人都擁有不同的個性、作法、特質、天賦,但重要的是,他們都找到了自己的獨特性,並且將它放大,也吸引到會欣賞他們獨特性的讀者／觀眾。

請記住,天賦是用來幫助我們成功的,千萬不要用它來限制了自己的選擇。

管理盲點

我們都有優勢,但也都有盲點。這你應該同意吧?

「優勢思維一直在強調放大優勢,那我們可以完全不管缺點和盲點嗎?」

這是一個非常好的問題。

面對這個問題,可以先思考一個關鍵問題:「這個缺點或盲點,會妨礙你達成目標或造成任何負面效果嗎?」如果不會,放著即可,但如果會,當然就要積極解決。

舉例來說，「流程結構師」擅長找規則、制定流程，在規模化、系統化的情境中非常具有優勢，但反面來說，他也可能因為太習慣按部就班，變得過於保守、拘泥細節、不夠彈性。而「獨特性探尋者」擅長看見每個人的不同處、因材施教，在需要客製化的情境中非常具有優勢，但反面來說，他也可能因為太過注重個人化，變得過度彈性、沒有原則、效率降低。

　　而要管理盲點最有效的方式，就是將「會造成盲點的特定情境」具體列出來，並制定行動方案來練習管理它，這樣我們下次遇到相似的情境，就知道要特別注意，並透過練習，降低盲點阻礙自己的機會。

　　我們一樣可以用優勢策略的公式來管理盲點。

天賦×目標設定＝盲點管理策略

　　舉例來說，我的「正向感染力」天賦幫助我樂觀的對待人事物，也讓我傾向把很多未知看作正向機會，這為我帶來很多好處，但我也發現，有時候在制定個人目標，甚至是團隊目標時，我會因此制定出過度樂觀的目標。時間久了，如果自己或團隊總是達不成目標，就會開始懷疑自己，造成反效果。所以，像這種時候，我們感覺到天賦已經成為阻礙自己的盲點，就要趕快把它抓出來！

於是我制定了我的盲點管理策略如下：

正向感染力 × 制定個人目標時	＝問問自己： 「這實際嗎？我有沒有過度樂觀？」
正向感染力 × 制定團隊目標時	＝問問團隊： 「有沒有什麼風險和困難是我沒有想到的？」

在思考盲點管理策略時，可以想想：
- 在什麼時候，我的天賦容易產生盲點？
- 我可以問自己什麼樣的問題，幫助自己破除盲點、思考得更完整嗎？
- 我可以制定什麼步驟，幫助自己破除慣性嗎？

　　天賦造成的盲點，並不會每天都出現，所以我們並不需要每天管理盲點，我們唯一要做的，就是把自己「因為天賦產生盲點的情境」定義出來，就可以幫助自己清除阻礙、更順利前往目的地了。

1. 拿到很多 offer 很好，但如果這些 offer 沒辦法幫助你成為更好的自己，沒辦法長期發展，就不是好的 offer。

2. 面對生活中的每一個決定，都要試著從關注自己，從內在出發，更主動地為自己做選擇，拿回生活的主導權。

3. 做著這份工作感到痛苦的人是你，有權利終止它的人只有你。請不要把決定權讓給別人。

4. 讓自己活得更開心、更有動力，是自己的責任和特權呀！學習為自己做出好的決定，是更接近自由的好對策。

5. 請主觀地為自己制定目標，只要是對你來說重要的、真的想改變的事，能帶你往更好的地方前進一小步，就是好目標！

6. 設定目標就像探索和行動之間的中繼站、交會點。有目標，才不會在中途輕易迷路了。

7. 「客觀的看問題，主觀的看自己」，有時候問題會帶我們看見對自己來說最重要的目標。

8. 明確定義賽道。當我們能夠指認出自己的天賦，自然能判斷在什麼樣的賽道中，更能展現優勢。

9. 職涯規畫本就是動態的，重要的是靠自我覺察和行動，慢慢走出專屬自己的職涯道路。

10. 成功不是一個方程式、不是一本計畫書。成功是試錯而來，成功是累積而來。重點是，成功是「行動」而來。

11. 「放大天賦」為自己創造更高的價值。

12. 管理盲點是為了避免犯同樣的錯，減少阻礙成功的機率。

動態管理，建立長期優勢

寫給和我一樣的「多能力探索者」

如果你也和我一樣，被說過「三分鐘熱度」、對很多事物都感興趣、比起專注更喜歡多元發展，毫無疑問的你也是一個「多能力探索者」。

儘管這並不符合社會對成功的期待，還可能因此吃了一些苦頭，但我想跟你說：「請擁抱這些特質，它絕對是你的優勢！」

有這樣特質的你，可能興趣廣泛、喜歡嘗試，所以身上往往有很多跨領域的能力和經驗。

有這樣特質的你，可能擁抱多元、擁有開放的思維，所以往往能夠快速適應變動的新環境。

有這樣特質的你，可能好奇心強、喜歡探索未知，所以往往學習力強且能帶來創新的觀點。

世界需要我們的這些「多能力探索者」的好奇心、適應力、創造力，以及繼續往未知前行的動力。請想想，你的這些特質可以如何幫助你前行？可以如何幫助你發光？

教練提示

喜歡深度發展一項技能或專長，是一種天賦；
而對很多事物感到好奇，也是一種天賦。天賦
沒有好壞，重要的是我們要擁抱自己的天賦，
順應天賦發展出屬於自己的道路。

實際走過這條路，現在的我累積了行銷、跳舞、拍片
等跨領域能力與經驗，也發展出職涯顧問、舞蹈老師、演
員等不同的角色身分，有幾個小提醒想要送給你。這幾個
小提醒大大的幫助了我，讓我能在多能力探索的路上不再
迷路，並開始累積。

1. 把握那些看起來有點挑戰性的邀請，
實際做做看吧！

對很多東西都感興趣的我們，需要讓「興趣」有機會
變成「專長」，所以我們需要「實際做做看的機會」。還
記得我人生中第一次主持大型活動的經驗，是職涯初期擔
任行銷專員的時候。當時公司參加世貿的展覽，有機會上
總舞台介紹產品，我的主管問我，要不要試試看？那時候
我毫不猶豫地接下挑戰，因為覺得很好玩。

反覆練習和擔憂絕對少不了，但不管練習多少次，上了台還是超級緊張！那是一個為期兩天的展覽，總共六場活動，還記得第一場上台時，我的聲音和手都在抖，但到了第四場就完全不抖，甚至可以跟現場觀眾自然互動了！因為那次經驗，我了解到自己是可以面對群眾說話的，就算我還不夠優秀，至少我有了經驗，下次一定會做得更好！

　　後來的我，又陸續主持了公司的春酒活動、對外展覽活動⋯⋯多年後連續幾年接到藝術節的開幕主持，到現在有了自己的 Podcast 節目。在成果之前，一定都有個起點，把握那個起點，讓你的興趣有機會變成專長吧。

2. 機會往往是「延伸」而來的！

　　那要如何找到讓自己實際做做看的機會呢？

　　回顧我自己在斜槓的路上，機會常常是「延伸」而來的。怎麼說呢？

從街舞出發：舞蹈→教學→演戲

　　從大學熱舞社開始，我慢慢培養自己跳舞的興趣和能力。從街舞開始的延伸，先是被邀請到媒體記者會舞蹈表演、尾牙表演、演唱會背景舞者⋯⋯再到尾牙編舞、舞蹈教學，開始累積教學的經驗，再到 MV 拍攝，接觸到鏡頭表

演。面對各種類型的邀約，不管是不是遇到放假、是不是即將期末考，我一律說 yes!（因為每一項都感覺很有趣啊！）

然後當第一個公司請我去教尾牙，發現我教得不錯，明年就會再找我，也會幫我引薦給他在其他公司的朋友；拍攝 MV、廣告而認識了其他的舞者、演員、製片，下次有適合我的案子，可能就會再次邀請我。機會就這樣，一個一個延展開來。

用心把握每一個機會，機會會再帶出更多的機會給你！

3. 懂得適時「聚焦」，
讓自己的努力更快看見成果！

對很多東西感興趣的我們，最強的特質就是喜歡探索、嘗新，但這個特質也會帶來「太過發散」的盲點。初期多嘗試、多累積經驗是非常棒的，但嘗試過一段時間之後，適時的學會「聚焦」，讓自己更有目標性的努力，也容易讓自己更快看見成果。

如果現在的你已經做了很多嘗試和努力，試著問問自己，如果只能選一件想繼續做的事，那件事會是什麼？把更多能量和時間，留給那件事，你的累積和成就感可能會更為顯著。

願身為「多能力探索者」的我們，都能因為發揮我們的優勢，讓這個世界變得更多采豐富。

優勢是一時的，動態管理才能讓它長期維持

為什麼優勢還需要鍛鍊？優勢不就已經是優勢了？

如果已經夠好了，我還要鍛鍊它做什麼？

職涯是動態的，優勢也是動態的

本書中已多次強調優勢是在特定情境下被純熟運用的結果。而這個結果往往會讓人處於相較有利的位置，也能讓人產生成就感、自信、滿足等正向積極的感受。

而這個「有利的位置」，有可能只是暫時的，換了一個時空、換了一個環境，或是多了一些不同的人，這個優勢很可能就消失了。

優勢思維不是一個結果，而是一個幫助你保持優勢的動態過程。

社會變動得很快，所以我們也需要動態的管理自己的優勢，才能持續保有優勢。

學習從不同的視角，重新看待你正在做的事

　　幾年前，有機會接了一個廣告拍攝，是和一位女歌手拍攝手機廣告，在正式拍攝前，導演會安排所有演員走一次位，確認位置。其中有一幕，我們要表現的是世界突然沒電、慢了下來，所以我們的動作要從一般速度，慢慢收到停止定格。現場大約有十位演員，在排演之後，導演把我安排站到了一個中間的位置，誇了我一句：「果然是舞者，身體控制得很好。」

　　在那個當下，我才發現我展現了自己的優勢，而這個優勢是從表演的角度，重新看待我「跳舞」這項能力，原來我跳舞的能力，讓我透過更好的肢體運用，將表演做得更好了！

　　話題回到工作上，這幾年我主持了超過 200 集的 Podcast，以及 500 小時的一對一諮詢，這兩者的共通點，就是不斷的在與人對談，挖掘對方的故事。

　　在某一次和朋友聊天的過程，我提了一個問題，我朋友笑說：「你好像在主持 Podcast 喔！」我才突然想到，對欸！我的思路已經被大量訓練藉由提問來讓對話延續下去，也會習慣性地保有好奇心，想了解更深入的原因。所以這個思考慣性已經自然而然被我帶進生活了，但是，這是我想要的嗎？以及，這是對方想要的嗎？

　　於是後來的我，會開始多留意對方的狀態，和自己的

狀態，區分現在是閒聊就好，還是要開啓深度對談模式，希望對彼此來說每個對話場景都能更舒服自在。

同一件事做久了，難免會產生慣性，不管是嘗試新事物，或是透過別人的眼睛看自己，都可能看見不同面向的自己。開始學習用不同的視角看自己正在做的事，也許會帶給你意想不到的學習與收穫。

時間複利的威力很強大，現在就開始累積吧！

《原子習慣》說：每天進步 1%，一年後，你會進步 37 倍。所以千萬不要小看累積的力量。

就算我們不把進步量化，你也可以思考看看，一件事做三次，和一件事做三百次，累積起來技術的精確度、經驗的厚度，都會完全不同。

所以面對想開始做的事、想開始累積的身分、想開啓的新專案，不如就著手開始吧！把你的時間分給它，讓你的行動變成習慣，有一天，你的累積會帶你到意想不到的地方。

我喜歡跳舞、喜歡表演，所以一直跳，有表演的機會都不放過，當我有一天回過頭來，才發現自己的舞台表演經驗已經累積超過百場，參與過的戲劇／MV 影像作品，也有數十部了。我喜歡一對一諮詢，所以就不斷地學，不

斷地做，有一天回頭看，才發現自己已經累積超過 500 個小時了。

「Dream big, start small.」
（立大目標，從小步開始。）

這是我一直鼓勵自己的一句話。不要害怕做夢，但也不要排斥從很小很小的事情開始，所有的改變，都是從腳邊的第一步開始的。

擁抱真實的自己，用「優勢思維」來領導自己

很多人會把「可以賺多少錢」當作衡量成功的標準，但我必須說，這可能造成反效果。如果你把賺錢當作衡量指標，當它無法快速為你帶來收入，你很快就會拋棄它了。這不是你的錯，這是我們天生的設定，我們需要獎賞，才有辦法繼續往前走。

但建立長期優勢需要累積，需要即使看不到成果也繼續往前的燃料。而這個燃料就藏在你的優勢思維（價值觀、職能、天賦）中。我們打從心底認同、由內而外制定的目標，才值得我們努力實現。

Stay true to yourself.

唯有做自己，才走得長遠。

然後，如果可以，保持良善。

　　願讀完這本書的你，都能找到內心真實的聲音，活出獨一無二、自由的你。

贈禮！
讀者專享獨家超值的
【找出你的隱藏優勢】
線上測驗

如何得到自己的ISME職場優勢測驗結果？

1. 進入https://betweengos.com/
   isme/book頁面或直接掃QRCode，
   兌換讀者專屬測驗代碼。

2. 接收e-mail取得「測驗代碼」和「測驗連結」
   後，開始做測驗。

3. 做完測驗後，在網頁上可直接獲得測驗結果。

線上測驗相關問題，
客服信箱 CS@betweengos.com

圓神出版事業機構　如何出版社 Solutions Publishing
Eurasian Publishing Group
用心與你對話．縱野無限寬廣

www.booklife.com.tw

reader@mail.eurasian.com.tw

Happy Learning　215

優勢思維：最強自我分析！開啟人生與工作的更多可能性

作　　者／Grace（李冠萱）

發 行 人／簡志忠

出 版 者／如何出版社有限公司

地　　址／臺北市南京東路四段50號6樓之1

電　　話／（02）2579-6600・2579-8800・2570-3939

傳　　真／（02）2579-0338・2577-3220・2570-3636

副 社 長／陳秋月

副總編輯／賴良珠

專案企畫／尉遲佩文

責任編輯／張雅慧

校　　對／張雅慧・柳怡如

美術編輯／金益健

行銷企畫／陳禹伶・鄭曉薇

印務統籌／劉鳳剛・高榮祥

監　　印／高榮祥

排　　版／杜易蓉

經 銷 商／叩應股份有限公司

郵撥帳號／18707239

法律顧問／圓神出版事業機構法律顧問　蕭雄淋律師

印　　刷／祥峰印刷廠

2024年8月 初版

定價360元　　　　ISBN 978-986-136-702-6

暢銷35萬冊《發現你的天職》最新續作！
重量級說書網紅讚譽：用最簡單的方法「找到你的人生之路！」
世上不存在沒才能的人，只存在沒發現和不懂得活用的人。
簡單三步驟，人人都能找到自己的才能。毫無例外！
找到才能，看世界的方式瞬間改變，還能找回失去自信的你。

——《世界最簡單的才能發現法》

◆ **很喜歡這本書，很想要分享**

圓神書活網線上提供團購優惠，
或洽讀者服務部 02-2579-6600。

◆ **美好生活的提案家，期待為您服務**

圓神書活網 www.Booklife.com.tw
非會員歡迎體驗優惠，會員獨享累計福利！

國家圖書館出版品預行編目資料

優勢思維：最強自我分析！開啟人生與工作的更多可
能性／Grace（李冠萱）著. -- 初版 -- 臺北市：如何出
版社有限公司，2024.8
　　216 面；14.8×20.8公分 --（Happy Learning；215）
　　ISBN 978-986-136-702-6（平裝）

1.CST：自我實現　2.CST：生活指導
3.CST：成功法

177.2　　　　　　　　　　　　　　　113008712